Annabel Karmel

KUNTER-BUNTE KINDER-KÜCHE

Annabel Karmel

KUNTERBUNTE KINDERKÜCHE

Mit Illustrationen von Bryony Clarkson

ZS Verlag – Ein Verlag der Edel Verlagsgruppe

Deutsche Erstausgabe 2022
Edel Verlagsgruppe GmbH
Kaisterstraße 14 b
80801 München

1. Auflage 2022
978-3-96584-245-8

Diese Ausgabe erscheint bei ZS Verlag als Lizenzausgabe von
Welbeck
Part of Welbeck Publishing Group
20 Mortimer Street, London W1T 3JW

Original title:
Annabel Karmel's Fun, Fast & Easy Children's Cookbook

This edition published by ZS Verlag under licence from
Welbeck
Part of Welbeck Publishing Group
20 Mortimer Street, London W1T 3JW

Printed in Germany

Mitwirkende der deutschen Ausgabe:

Projektkoordination: Ina Stewart
Übersetzerin: Birgit van der Avoort
Projektmanagement: Marc Strittmatter, ppp.services, Freising
Lektorat: Karen Dengler, Werkstatt München für ppp.services, Freising
Satz: ppp.services, Freising
Herstellung: Frank Jansen
Producing: Jan Russok
Druck & Bindung: optimal media GmbH, Röbel

Mitwirkende der Originalausgabe:

Design and Art Direction: Smith & Gilmour
Editor: Jo Roberts-Miller
Illustrator: Bryony Clarkson
Food photography: Ant Duncan and Jamie Orlando-Smith pp. 51, 57, 83, 89 and 97
Endpaper photography: Emma Tunbridge
Food stylists: Holly Cowgill and Becci Woods
Props stylist: Tamsin Weston
Models: Iris, Ray, Ace, Chiara, Hugo, Isla, Vicky, Havanna, Hattie and Alma.
Design Managers: Emily Clarke, Margaret Hope
Editorial Manager: Joff Brown
Production: Melanie Robertson

Inhalt

Es kann losgehen!

Ein Wort an die Erwachsenen

Willkommen bei meinem lustigen Kinderkochbuch! Es soll künftigen Köchen und Bäckern zeigen, wie viel Spaß man in der Küche haben kann und wie viel Neues man dabei lernt!

Schürzen umgebunden! Mit meinem Step-by-Step-Kochbuch, randvoll mit einfachen Rezepten, werden sich Ihre Kinder bald wie echte Kochhelden fühlen! Ob Frühstück, Superhelden-Snacks oder Familienmahlzeiten, es wird Zeit, dass die Miniköche den Kochlöffel übernehmen.

Es macht sich bezahlt, wenn schon die Jüngsten beim Kochen helfen: Mixen, Zerstampfen oder Ausrollen, aber auch Abwiegen, Zählen, Ausrechnen und Reiben laden Kinder ein, das Kochen zu entdecken und dabei alle Sinne zu gebrauchen.

Zu meinen schönsten Erinnerungen gehören die Momente, als meine Kinder kochten und backten. Als sie alt genug waren, um auf einem Stuhl neben mir zu stehen, ließ ich sie bereits mithelfen, und als sie vier, sechs und sieben Jahre alt waren, kochten sie gemeinsam jeden Freitagabend für die Familie (manchmal mit etwas Unterstützung). Sie suchten sich ein Rezept aus, bereiteten es zu und servierten es dann im „Restaurant Karmel". Die eigenen Gerichte zu verspeisen war das Höchste für sie, und nebenbei probierten sie so auch ganz unterschiedliche Speisen.

Kochpartys waren bei uns ebenfalls sehr beliebt. Ob Geburtstag, Übernachtungsbesuch oder Verabredung nach der Schule – meinen Kindern und ihren Freunden machte es einen Heidenspaß, sich selbst ums Essen zu kümmern!

Jedes Rezept in diesem Buch möchte Sie und Ihre Kinder dazu bringen, gemeinsam zu kochen. Viele Rezepte lassen sich variieren und Zutaten können ausgetauscht werden. Wichtig ist, die Kinder stets im Blick zu behalten und bei Heißem und Scharfem Vorsicht walten zu lassen.

Viel Spaß beim Kochen und Experimentieren. Und freuen Sie sich auf Ihre eigenen Küchenerinnerungen!

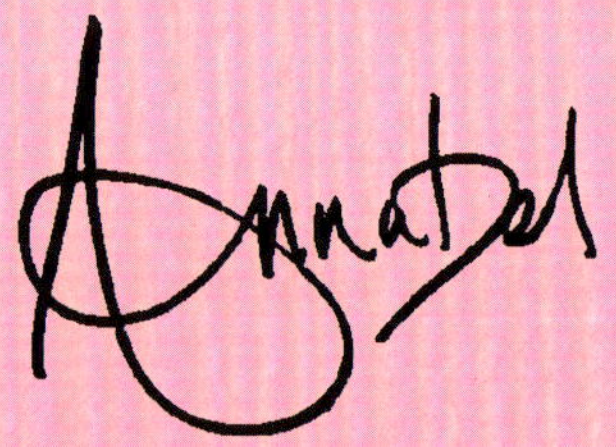

Annabels Küchenregeln

Höre ich da schon knurrende Mägen? Bist du bereit, zum begabten Koch oder brillanten Bäcker zu werden? Hier sind ein paar nützliche Tipps, damit du gut startest und jede Menge Spaß in der Küche hast.

- Wasch dir zuerst die Hände, damit sie wirklich blitzsauber sind. Beim Kochen kann man sich schon mal dreckig machen. Also binde eine Schürze um und lange Haare zusammen.
- Bevor du anfängst, lies das Rezept gut durch (oder lass es dir von einem Erwachsenen vorlesen), damit du auch wirklich alles hast, was du brauchst. Miss und wiege alle Zutaten vorher genau ab – dann hast du sie später direkt griffbereit.
- Achtung bei heißen Backöfen und Herdplatten! Benutze immer Ofenhandschuhe, wenn du etwas Heißes aus dem Ofen oder vom Herd nimmst! Und denke daran: Jedes Gericht muss kurz abkühlen.
- Wasche Obst und Gemüse vor dem Kochen oder Essen.
- Überlasse das Schneiden und Hacken mit einem scharfen Messer besser einem Erwachsenen oder arbeite nur unter Aufsicht.
- Nicht alle rohen Zutaten oder Mischungen kannst du bedenkenlos essen. Frag also erst einen Erwachsenen. Du willst dir ja nicht den Magen verderben!
- Wenn du für jemanden kochst, der eine Allergie hat, dann frage zuerst, welche Zutaten er verträgt. Auf den nachfolgendenden Seiten erfährst du mehr dazu.

Küchenutensilien

Köche – es wird Zeit, dass ihr eure Utensilien zusammensucht! Wie alle Profis brauchst du eine Grundausstattung, damit du starten kannst!

★ Holzlöffel und Pfannenwender

★ Messlöffel

★ Schneidebrett und spezielles Nylon- oder Plastikmesser für Kinder

★ Rührschüsseln – klein und groß

★ Durchschlag und/oder Sieb

★ Töpfe – klein und groß

★ Pfannen (eine beschichtete Pfanne ist ideal; ein Wok ist klasse zum Pfannenrühren)

★ Handrührgerät – so kannst du für Kekse, Cupcakes und Glasuren Butter und Zucker ganz einfach schaumig schlagen

★ Zerkleinerer oder Stabmixer – Hacken, Mischen und Pürieren geht damit ganz schnell!

★ Plätzchenausstecher mit hübschen Motiven

★ Backbleche und Muffinbleche – am besten beschichtet

★ Backpapier und Papierförmchen für Muffins

Annabels BESTE Top-Tipps

B **Besorge** vorher alle Zutaten und lege sie zurecht.

E **Erst** das Rezept gründlich lesen.

S **Spaß** ist das Allerwichtigste beim Kochen.

T **Temperatur** und Zeiten im Blick behalten.

E **Erwachsene** um Hilfe bitte, wenn's schwierig wird.

Vorsicht bei Allergien!

Wenn du eine Lebensmittelallergie hast oder für jemanden kochst, der sich an eine bestimmte Diät halten muss, dann kannst du meine Rezepte ganz einfach anpassen. Hier einige nützliche Tipps.

★ Milchfrei
Ersetze Milchjoghurt durch Soja- oder Kokosjoghurt; Kuhmilch durch Hafer- oder Mandeldrink. Nimm zum Braten Olivenöl statt Butter, eine vegane Margarine statt Butter für eine Glasur aus Buttercreme. Hartkäse, geriebenen Parmesan oder Frischkäse kannst du durch veganen Käse ersetzen.

★ Glutenfrei
Verwende Mehl, Backpulver oder Nudeln ohne Gluten. Probiere auch Reis, Haferflocken, Quinoa oder Buchweizen (hat trotz des Namens nichts mit Weizen zu tun!) – sie sind gute Alternativen ohne Gluten.

★ Ohne Ei
Wenn dir Eier nicht schmecken oder du sie wegen einer Allergie nicht essen darfst, findest du im Internet zahlreiche Ei-Alternativen, die du zum Backen und Kochen verwenden kannst.

Einfach austauschen

Wenn du weder Fleisch noch Fisch isst, kannst du die meisten meiner Gerichte auch vegetarisch oder vegan zubereiten. Variiere nach Lust und Laune und verwende anstelle von Hähnchen, Rindfleisch oder Garnelen einfach Halloumi, Tofu und Linsen oder auch pflanzliches Hackfleisch, das deine Familie mag.

ZEICHENERKLÄRUNG

gluten-frei	glutenfrei
ohne Ei	ohne Ei
milch-frei	falls erforderlich, einen milchfreien Drink verwenden
veggie	vegetarisch
vegan	vegan
ein-frieren	kann für später tiefgekühlt werden

FRühsTücK

ohne Ei

glutenfrei

veggie

Für 1 Person

REGENBOGEN-Joghurt-Bowl

20 g Frischkäse

200 g griechischer Joghurt

150 g Pfirsiche (Dose), klein geschnitten, oder 1 frischer Pfirsich, geschält, entsteint und klein geschnitten

25 g Himbeeren, halbiert

GARNIEREN

8–10 Heidelbeeren

2 Erdbeeren, in Scheiben geschnitten

1 Kiwi, geschält und in Scheiben geschnitten

1 Satsuma, geschält

Ein Frühstück mit Regenbogen schmeckt noch mal so gut! Es ist ein Fest für die Augen und den Magen. Diese gesunde Bowl mit bunten Früchten zaubert dir schon am Morgen ein Lächeln ins Gesicht und liefert die 5 Portionen Obst und Gemüse am Tag. Hurra!

1 Frischkäse, Joghurt und die Hälfte der Pfirsiche in einer kleinen Schüssel mischen.

2 Die restlichen Pfirsiche in einer kleinen Frühstücks-Bowl verteilen und die halbierten Himbeeren darauf anrichten.

3 Die Joghurtmischung darüberlöffeln.

4 Den Joghurt mit Heidelbeeren, Erdbeeren, Kiwi und Satsuma garnieren.

Probier mal!
Mit den Früchten einen Regenbogen, eine Blume oder eine Eule legen. Du kannst dir immer neue Motive überlegen.

veggie · vegan · gluten-frei · ohne Ei · Für 1 Person

EULEN-PORRIDGE

45 g Haferflocken

275 ml Milch

1 kleine Banane, zerdrückt

½ TL Vanilleextrakt

2 TL Kokosraspel (nach Belieben)

GARNIEREN

4 Erdbeeren, in Scheiben geschnitten

½ Banane, in Scheiben geschnitten

2 Heidelbeeren

½ Mango, in Spalten geschnitten

Nimm dir etwas Zeit und lege diese kleine Eule. Eine Schale mit warmem Porridge ist perfekt für einen guten Start in den Tag und macht dich den ganzen Morgen über satt. Das einfache Rezept wird durch buntes Obst tierisch bunt.

1 Haferflocken und Milch in einem Topf unter ständigem Rühren bei mittlerer Hitze aufkochen.

2 Banane, Vanilleextrakt und Kokos, falls verwendet, hinzufügen und weiterrühren, bis der Porridge eingedickt ist und die Haferflocken weich sind. Das dauert ungefähr 5 Minuten.

3 In eine Schale löffeln und mit den Früchten garnieren.

Probier mal!

Für die Eule Erdbeeren für die Flügel, Bananenscheiben für Augen und Körper, Heidelbeeren für die Augäpfel und Mango für Nase, Augenbrauen und Füße verwenden.

veggie

gluten-frei

vegan

milch-frei

ohne Ei

Ergibt 8 Portionen

GO-GO-GRANOLA

- 175 g Haferflocken
- 75 g Pekannusskerne, klein gehackt
- 20 g Kokosraspel
- 50 g brauner Zucker
- ¼ TL Salz
- 2 EL Sonnenblumenöl
- 4 EL Ahornsirup
- 50 g Rosinen

Mit meinem Go-Go-Granola kommst du morgens auf Touren und wirst fit für den Tag! Haferflocken sind knusprig und gesund. Deshalb kannst du nach der Schule noch eine zweite Portion essen. Ein tolles Rezept für ein Frühstück im Bett am Muttertag.

1 Den Backofen auf 170 °C (Umluft 150 °C) vorheizen und ein Backblech mit Backpapier auslegen.

2 Haferflocken mit Pekannüssen, Kokosraspel, Zucker und Salz in einer großen Schüssel gut vermischen.

3 Öl und Ahornsirup in einer kleinen Schüssel verquirlen.

4 Die Ölmischung über die Haferflockenmischung gießen und mit den Händen alles gut vermengen.

5 Das Granola gleichmäßig auf dem vorbereiteten Backblech verteilen und im vorgeheizten Backofen 40 Minuten rösten, bis es goldgelb ist. Dabei alle 10 Minuten mit einem Pfannenwender wenden.

6 Aus dem Ofen nehmen und in eine Schüssel geben. Die Rosinen untermischen und das Granola abkühlen lassen.

7 Bis zum Servieren in einem luftdichten Behälter aufbewahren.

Probier mal!

Für eine herrliche Frühstücks-Bowl eine Portion Granola abmessen und 100 g Naturjoghurt und eine Handvoll Beeren untermischen.

milch-frei

veggie

Für 1 Person

Spiegeleier-HASEN

1 Mini-Vollkorn-Pitabrot

1 Ei (Größe L)

2 TL Sonnen-blumenöl

2 dünne Scheiben schwarze Olive

6 Stängel Schnitt-lauch

Bei diesem tollen Frühstück wirst du mit deinen Frühstückgästen in Windeseile zum Tisch hoppeln. Eier stecken voller Nährstoffe und schmecken besonders gut, wenn das Eigelb schön weich ist – perfekt, um die Hasenohren darin einzutauchen. Und ganz nebenbei kannst du bei diesem Rezept deine Fähigkeiten im Aufschlagen von Eiern testen!

1 Das Pitabrot in der Mitte quer durchschneiden und die Hälften im Toaster leicht rösten. Zwei Hasenohren ausschneiden und beiseitelegen.

2 Das Ei vorsichtig in eine kleine Schüssel aufschlagen.

3 Das Öl in einer kleinen beschichteten Pfanne auf mittlere Temperatur erhitzen. Das Ei in die Pfanne gleiten lassen und 3 bis 4 Minuten braten, bis das Eiweiß vollständig gestockt, das Eigelb aber noch weich ist.

4 Das Spiegelei mit einem Pfannenwender aus der Pfanne heben und auf einen Teller legen.

5 Das Spiegelei wird zum Hasen mit den Pitastücken als Ohren, den Olivenscheiben als Augen und mit dem Schnittlauch als Barthaare.

6 Dein Hase kann direkt zum Tisch hoppeln!

Probier mal!

Hier verwandelst du dein Spiegelei in einen Hasen. Du kannst dir aber auch einen Hund, eine Katze und andere Tiere ausdenken.

Leckeres aus Milch

Milch, Sahne, Butter, Käse und Joghurt kommen von Tieren wie Kühen, Schafen oder Ziegen. Die meiste Milch produzieren bei uns Kühe, und sie ist perfekt für einen gesunden Start in den Tag!

Wusstest du?

Milchkühe trinken täglich bis zu 150 Liter Wasser, eine Badewanne voll, und brauchen fast 50 Kilo Futter – das ist so, als würdest du 300 Erdnussbutter-Sandwiches essen!

GESUNDE KNOCHEN

Milchprodukte sind eine super Calciumquelle – Calcium ist ein Nährstoff, der für feste Knochen und Zähne sorgt.

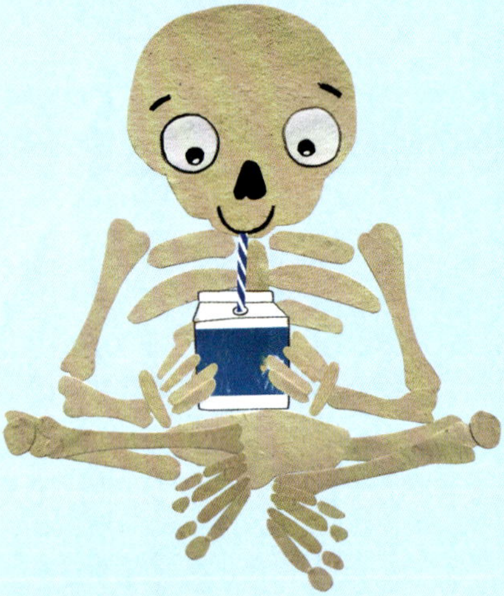

Hast du etwas Scharfes gegessen?

Dann ist Milch besser als Wasser, um deinen Mund zu kühlen, denn sie reinigt die Geschmacksknospen!

NATURJOGHURT

Er steckt voller guter Bestandteile und ist perfekt als Nachtisch – rühre einfach deine Lieblingsfrüchte ein.

Welche Früchte sucht du dir für deinen Naturjoghurt aus?

KÄSE

Käse wird aus Milch hergestellt, und weltweit werden Tausende unterschiedliche Käsesorten produziert und gegessen. Jeder Käse ist einzigartig in Geschmack, Beschaffenheit und Aussehen.

Wusstest du?

Mäuse mögen keinen Käse. Sie essen viel lieber Süßes oder andere Kohlenhydrate! Klar, wenn nichts anderes da ist, fressen sie zur Not auch Käse.

SCHLAGFERTIG!

Wusstest du, dass du Schlagsahne und Butter selbst herstellen kannst? Du brauchst nur etwas Sahne, einen Schneebesen und dann heißt es schlagen, schlagen, schlagen!

1 Mit einem Schneebesen die Sahne in einer Schüssel kräftig schlagen.

2 Weiterschlagen, bis sich weiche Spitzen bilden – Gratulation, du hast Schlagsahne selbst hergestellt. So einfach ist das!

3 Soll aus der Schlagsahne Butter werden? Dann weiterschlagen, bis sie fester wird, sich flüssige Teile abspalten (die Buttermilch) und sich Butterklümpchen bilden. Die Buttermilch abgießen, fertig ist die selbst gemachte Butter! Gerade rechtzeitig zum Essen.

Wusstest du?

Du kannst Butter auch aromatisieren. Einfach etwas Knoblauch, Petersilie oder andere Kräuter fein hacken und untermischen. Lecker sind auch Parmesan, Basilikum und sonnengetrocknete Tomaten.

veggie

milch-
frei

Für 1
Person

Arme Ritter mit Rosinen

1 Ei

1 Scheibe Rosinenbrot, in 3 Streifen geschnitten

Butter oder Sonnenblumenöl zum Backen

Heidelbeeren und Himbeeren zum Garnieren

Hier kommt der Frühstücksfavorit für's Wochenende!

1 Das Ei in eine flache Schale aufschlagen. Mit einer Gabel Eiweiß und Eigelb verquirlen.

2 Die Rosinenbrotstreifen in das Ei tauchen, sodass sie vollständig davon überzogen sind. Einweichen lassen, bis das Brot das Ei aufgenommen hat.

3 In einer kleinen Pfanne ein Stückchen Butter bei mittlerer Hitze zerlassen oder etwas Öl erhitzen.

4 Die Streifen in die Pfanne legen und 2 Minuten auf jeder Seite goldgelb backen.

5 Mit den Beeren servieren.

PROBIER MAL!

In der Weihnachtszeit kannst du gleich mehrere Scheiben Arme Ritter zubereiten und sie in Form eines Weihnachtsbaums anrichten. Den Baum mit einer Girlande aus Heidelbeeren dekorieren. Himbeeren an der Spitze zu einem Stern zusammensetzen.

veggie

milchfrei

Ergibt 8 große oder 14 kleine

einfrieren

PERFEKTE PFANNKUCHEN

- 200 g Mehl
- 2 TL Backpulver
- 1 EL Zucker
- 3 Eier
- 175 ml Milch
- 1 TL Sonnenblumenöl pro Pfannkuchen
- Honig zum Beträufeln

GARNIEREN

- 2 Erdbeeren
- 1 Handvoll Heidelbeeren

Mit diesem Rezept kannst du das Rühren mit einem Schneebesen und das Wenden mit einem Pfannenwender prima üben! Damit der Pfannkuchenteig schön glatt und luftig wird, die Milch ganz langsam zugießen und dabei rühren, rühren, rühren.

1 Mehl mit Backpulver und Zucker in einer Rührschüssel mischen. In die Mitte eine Mulde drücken und die Eier darin aufschlagen.

2 Die Hälfte der Milch vorsichtig in die Schüssel gießen und mit dem Schneebesen alles zu einem glatten Teig verrühren. Dann nach und nach unter ständigem Rühren die restliche Mich langsam hinzugießen.

3 In einer Pfanne 1 TL Öl auf mittlere Temperatur erhitzen. 2 große EL Teig hineingeben, in der Pfanne verteilen und den Pfannkuchen auf jeder Seite 1 bis 2 Minuten backen, bis er goldgelb und durchgebacken ist.

4 Aus der Pfanne heben und auf einen Teller legen. Mit einem sauberen Küchentuch abdecken und weitere Pfannkuchen backen, bis der Teig aufgebraucht ist.

5 Vor dem Servieren mit Honig beträufeln und mit Erdbeeren und Heidelbeeren garnieren.

PROBIER MAL!
Die Pfannkuchen zu einer Frühstücks-Raupe legen – Erdbeerscheiben für die Füße und den Mund, Heidelbeeren für die Augen verwenden.

gluten-frei

veggie

Für 1 Person

Mein erstes OMELETT

2 Eier

1EL Milch

1 Stückchen Butter oder etwas Sonnenblumenöl

Hol die Eier aus dem Kühlschrank, es gibt Omeletts zum Frühstück! Ich zeige dir, wie du ein perfektes Omelett zubereitest. Das Rezept ist ganz einfach und du kannst deine Lieblingsfüllung wählen! Eier zum Frühstück – nahrhaft, lecker und fluffig!

1 Die Eier vorsichtig in eine kleine Schüssel aufschlagen. Die Milch hinzugießen, mit etwas Salz würzen und alles mit einer Gabel verquirlen.

2 Die Butter in einer kleinen Omelett-Pfanne bei mittlerer Hitze zerlassen oder das Öl kurz erhitzen.

3 Die Eimischung hineingießen und durch Schwenken der Pfanne verteilen. Sobald sie stockt, mit einem Pfannenwender die Ränder des Omeletts anheben.

4 Wenn das Omelett fast vollständig gestockt ist, die Lieblingsfüllung dazugeben (falls sie noch nicht hinzugefügt wurde – siehe unten). Ein Drittel des Omeletts umklappen, dann die andere Seite umklappen und das Omelett direkt servieren.

KÄSE UND KRÄUTER

20 g geriebenen Hartkäse, 1 TL gehacktes Basilikum und 1 TL Schnittlauchröllchen in die Eimischung rühren und dann braten, wie oben beschrieben.

COCKTAILTOMATEN

3 halbierte Cocktailtomaten und 1 in Ringe geschnittene Frühlingszwiebel in die Pfanne geben, wenn das Omelett fast gestockt ist.

SCHINKEN

1 Scheibe gekochten Schinken in Streifen schneiden und in die Pfanne geben, wenn das Omelett fast gestockt ist.

Mittagessen

Für 4 Personen · veggie · glutenfrei · einfrieren · ohne Ei

Würzige TOMATEN-GEMÜSE-SUPPE

1 EL Olivenöl

1 große Zwiebel, geschält und grob gehackt

1 Stange Staudensellerie, grob gehackt

1 rote Paprikaschote, entkernt und grob gehackt

2 kleine Möhren, geschält und in Scheiben geschnitten

100 g Butternusskürbis, geschält und gewürfelt

1 Knoblauchzehe, geschält und zerdrückt

1 TL gehackter Thymian

1 EL Tomatenmark

1 Dose stückige Tomaten (400 g)

450 ml Gemüse- oder Hühnerbrühe

2 EL gehacktes Basilikum (nach Belieben)

2 EL Crème fraîche

1 Prise Zucker

Wusstest du, dass Superhelden Suppe lieben? Und ganz besonders diese Suppe, denn sie ist randvoll mit Gemüse, das zum Schluss fein püriert wird. Fertig ist das gesunde Kraftpaket!

1 Das Öl in einem Topf auf mittlere Temperatur erhitzen und das frische Gemüse darin 5 Minuten andünsten, dabei immer wieder umrühren.

2 Knoblauch, Thymian und Tomatenmark einrühren und 10 Sekunden mitdünsten.

3 Stückige Tomaten und Brühe hinzufügen, mit Salz und Pfeffer würzen und aufkochen. Die Hitze reduzieren und zugedeckt 15 bis 20 Minuten köcheln lassen, bis das Gemüse weich ist.

4 Vom Herd nehmen. Basilikum, falls verwendet, und Crème fraîche in die Suppe geben. Dann 1 Prise Zucker hinzufügen und alles mit dem Stabmixer glatt pürieren.

5 In Suppenschalen servieren. Nach Belieben mit Salz und Pfeffer nachwürzen.

PROBIER MAL!

Du kannst dir deinen eigenen Superhelden schaffen. Geriebenen Käse für die Maske, kleine Toastkreise und schwarze Oliven für die Augen verwenden.

KABOOM!

ohne Ei

veggie

Ergibt 6 Scheiben

BRUSCHETTA Little Italy

½ Ciabatta-Brot, in 6 Scheiben geschnitten

3 EL Olivenöl

200 g Cocktailtomaten, gewürfelt

75 g Mozzarella, gewürfelt

2 EL gehacktes Basilikum

½ Knoblauchzehe, geschält und zerdrückt

Dieses einfache italienische Rezept erinnert ein bisschen an eine „Toast-Pizza". Am allerbesten ist, dass du die Bruschetta als Vorspeise, zum Brunch oder Mittagessen servieren kannst. Tomaten sind supergesund, also ran ans Würfeln und Bestreuen!

1 Den Grill des Backofens stark erhitzen.

2 Die Ciabattascheiben mit 2 EL Olivenöl einpinseln. Die Brotscheiben unter dem heißen Grill 2 bis 3 Minuten auf jeder Seite rösten. Oder eine Grillpfanne mit Grillrippen stark erhitzen, die Scheiben quer zu den Grillrippen (auf keinen Fall berühren) in die Pfanne legen und auf jeder Seite 2 Minuten rösten, bis sich Grillstreifen auf jeder Scheibe zeigen.

3 Inzwischen Tomaten, Mozzarella, Basilikum, übriges Olivenöl und Knoblauch in einer kleinen Schüssel vermischen und mit Salz und Pfeffer würzen.

4 Die Tomatenmischung auf die gerösteten Brotscheiben löffeln und servieren

PROBIER MAL!

Mit diesen Zutaten kannst du auch einen köstlichen Salat zubereiten! Die Ciabatta würfeln, im Öl wenden und zu knusprigen Croûtons rösten. Auf einem Bett aus Tomatenscheiben, knackigem Blattsalat und weichem Mozzarella anrichten.

Tolles Getreide

Viele leckere Lebensmittel bestehen aus Getreide, einschließlich Brot, Nudeln, Reis und Cerealien. Und es gibt eine besonders gesunde Art von Getreide, die deinem Körper extra viel Energie liefert – VOLLKORNGETREIDE. In Naturreis, Vollkornnudeln und Vollkornbrot stecken besonders viele Ballaststoffe, Eisen und jede Menge Vitamine und Nährstoffe. Ran an die Körner!

BROT

Brot wird aus Getreide gemacht, das zu Mehl gemahlen wurde. Das Mehl wird mit Hefe, Wasser und Salz zu einem Teig verknetet und gebacken.

★ Hefe ist das magische Triebmittel, das den Teig aufgehen lässt.

★ Brot kann auch flach sein – denk an Pitabrot, Tortillas und Pizzaböden.

GOLDENES GETREIDE

Quinoa, das spricht man kii-noo-aa aus, ist ein Vollkorngetreide, das schon von den alten Inkas sehr geschätzt wurde – sie nannten es das „Gold der Inkas“.

REIS UND NUDELN

Was haben Reis und Nudeln gemeinsam? Sie sind reich an Kohlenhydraten, die deinen Körper mit Energie versorgen.Diese Energie wird langsam abgegeben – ideal, um beim Lernen und Spielen lange fit zu bleiben!

Wusstest du, dass Reis für fast die Hälfte der Weltbevölkerung das Hauptnahrungsmittel ist? Nudeln sind ebenfalls sehr beliebt – es gibt über 600 Sorten. Welche Formen gibt es bei euch im Vorratsschrank?

Wusstest du?

Wenn man in Japan beim Essen der Nudelsuppe laut schlürft, gilt das als Zeichen, dass einem das Essen des Gastgebers besonders gut schmeckt.

LET´S POP!

Möchtest du sehen, wie das Popcorn aufpoppt? Popcorn lässt sich mit getrockneten Maiskörnern ganz einfach selbst herstellen. Gib noch ein Topping deiner Wahl hinzu!

ANNABELS REGELN

Beim Kochen sollte immer ein Erwachsener in der Nähe sein. Die Körner müssen SEHR HEISS werden, damit sie explodieren oder AUFPOPPEN, deshalb den Mais nicht aus den Augen lassen.

Du kannst Popcorn auch in der Mikrowelle herstellen, aber im Topf macht es einfach mehr Spaß. Das Popcorn schmeckt pur oder mit etwas zerlassener Butter. Mit Zimt bestreut wird es besonders köstlich.

1. Das Öl in einem Topf mit schwerem Boden erhitzen. 3 bis 4 Maiskörner ins Öl geben und warten, bis sie aufpoppen. Jetzt ist das Öl heiß genug!

2. In das heiße Öl die restlichen Körner geben. Im Öl wenden, damit sie davon bedeckt sind.

3. Den Deckel FEST auflegen. Abwarten, bis die Maiskörner AUFPOPPEN. Sobald das Knallen aufhört, den Topf vom Herd nehmen.

milch-
frei

Für 2 Personen

Super Nudelpfanne

75 g chinesische Mie-Nudeln

1 TL Speisestärke

2 TL Sonnenblumenöl

3 Frühlingszwiebeln, in Ringe geschnitten

1 kleine Möhre, geschält und grob geraspelt

2 EL tiefgekühlte Maiskörner

2 EL tiefgekühlte Erbsen

100 g gegartes Hähnchenfleisch, in Stücke geschnitten

150 ml heiße Hühnerbrühe

1½ EL Sojasauce

1 Prise Zucker

60 g Sprossen

Wir alle mögen Nudeln, und dieses Essen kann nur begeistern. Wusstest du, dass die allerersten Nudeln vor 4000 Jahren in China hergestellt wurden?

1 Die Nudeln nach Packungsanweisung garen. In ein Sieb abgießen und kalt abbrausen, um den Garprozess zu stoppen. Zum Abtropfen beiseitestellen.

2 In einer kleinen Schüssel die Speisestärke mit 1 EL kaltem Wasser anrühren.

3 Das Öl in einer beschichteten Pfanne erhitzen und die Frühlingszwiebeln und Möhren darin bei mittlerer Hitze unter Rühren 1 Minute anbraten.

4 Gegarte Nudeln, Mais, Erbsen und Hähnchen hinzufügen und alles einige Sekunden pfannenrühren.

5 Die heiße Brühe hinzugießen und dann Sojasauce und Zucker einrühren.

6 Die Speisestärke-Mischung und die Sprossen dazugeben und die Zutaten in der Pfanne schwenken, bis die Sauce eingedickt ist.

7 Auf zwei tiefe Schalen verteilen und mit Stäbchen und Löffeln servieren.

PROBIER MAL!

Iss die Nudeln zur Abwechslung mal mit Stäbchen. Das macht Spaß, und mit etwas Übung wirst du im Nu zum Meister im Stäbchenessen!

veggie

ein-
frieren

Ergibt 12 Muffins

Starkes Muffin-Trio

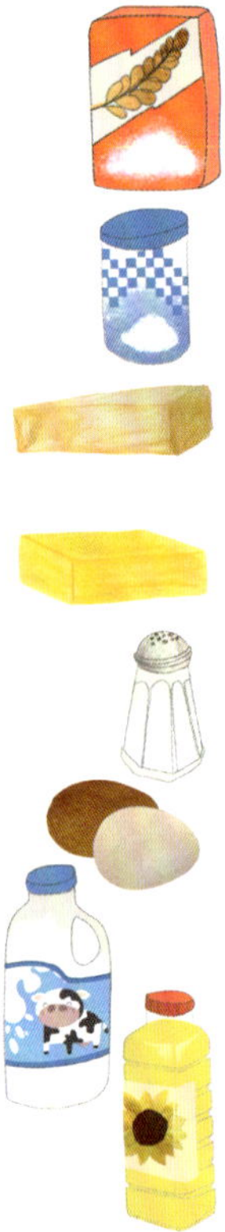

225 g Mehl

3 TL Backpulver

50 g Parmesan, gerieben

75 g Hartkäse (z. B. Cheddar), gerieben

1 Prise Salz

2 Eier

175 ml Milch

75 ml Sonnenblumenöl

Hier kommen drei köstliche Muffin-Variationen. Frisch aus dem Backofen schmecken die Muffins besonders gut, aber sie eignen sich auch super für die Butterbrotdose. Backe doch gleich einen ganzen Schwung und iss sie zusammen mit Freunden!

1 Backofen auf 200 °C (Umluft 180 °C) vorheizen und ein 12er-Muffinblech mit Papierförmchen auskleiden.

2 Für den Grundteig Mehl, Backpulver, beide Käsesorten und 1 Prise Salz in einer großen Schüssel mischen.

3 Die Eier mit Milch und Öl in einer zweiten Schüssel verquirlen. Die feuchten Zutaten zu den trockenen geben und alles gut verrühren.

4 Eine der drei unten stehenden Geschmacksvariationen unterrühren. (Oder den Grundteig in zwei Portionen teilen und eine Variation zu einer Hälfte und eine zweite zu der anderen Hälfte des Grundteigs geben.)

5 Die Papierförmchen mit Teig füllen und die Muffins im vorgeheizten Backofen 25 Minuten backen, bis sie schön aufgegangen und goldbraun sind.

COCKTAILTOMATEN, MÖHREN UND THYMIAN

100 g Möhren, geschält und geraspelt
100 g Cocktailtomaten, in Würfel geschnitten
2 EL fein gehackter Thymian

BUTTERNUSSKÜRBIS UND MAIS

100 g Butternusskürbis, geschält und geraspelt
4 Frühlingszwiebeln, klein geschnitten
50 g Mais (Dose)

ZUCCHINI UND KRÄUTER

100 g Zucchini, geraspelt
1 EL fein gehackter Thymian
1 EL Schnittlauchröllchen
1 EL fein gehacktes Basilikum

Ergibt 6 Quiches

Mini-PIZZA-QUICHES

Sonnenblumenöl für die Form

3 Tortillas

4 Cocktailtomaten, in Scheiben geschnitten

2 Frühlingszwiebeln, in feine Ringe geschnitten

50 g Chorizo-Scheiben, in Stücke geschnitten

50 g Hartkäse (z.B. Cheddar), gerieben

4 Eier (Größe L), verquirlt

TOPPING

4 Cocktailtomaten, in Scheiben geschnitten

1 Zucchini, mit dem Sparschäler in feine Bänder geschnitten

1 Handvoll Basilikumblätter

Wenn du Pizza magst, solltest du die hier mal probieren! Nimm einfach das, was dir am besten auf deiner Pizza schmeckt, oder verwende wie ich Chorizo, eine leckere spanische Paprikawurst. Vielleicht kommst du ja auf den Geschmack und peppst deine Mini-Pizzen auch noch mit anderen aufregenden neuen Zutaten auf!

1 Den Backofen auf 200 °C (Umluft 180 °C) vorheizen. Die Mulden einer 6er-Muffinform mit dem Öl einfetten.

2 Aus jeder Tortilla 2 Kreise von 12 cm Durchmesser ausschneiden. Die 6 Kreise wie Förmchen in die 6 Mulden setzen.

3 Tomaten, Frühlingszwiebeln, Chorizo und Käse gleichmäßig auf die Mulden verteilen, dann die verquirlten Eier darübergießen. Mit etwas Salz und Pfeffer würzen, anschließend die Pizza-Quiches im Ofen 20 bis 22 Minuten backen, bis sie in der Mitte fest sind.

4 Aus dem Backofen nehmen und mit Tomatenscheiben, Zucchinibändern und Basilikum garnieren.

PROBIER MAL!

Wenn du anstelle der Chorizo pflanzliche Wurstscheiben verwendest, erhälst du leckere Veggie-Quiches.

milch-frei

Für 3 Personen

Bunter ORZO-Nudel-Salat

125 g Orzo-Nudeln

75 g Brokkoli, in Röschen geteilt

100 g gegartes Hähnchenfleisch, gewürfelt

150 g Mais (Dose)

100 g Cocktailtomaten, geviertelt

2 EL fein gehacktes Basilikum

DRESSING

4 EL mildes Olivenöl

1½ EL Reisessig

½ EL Sojasauce

1 EL Honig

Mamma Mia! Pasta ist einfach großartig! Es gibt bestimmt über 600 verschiedene Nudelsorten, warum probierst du nicht mal Orzo-Nudeln für dieses köstliche Gericht? Nudeln liefern Energie, vor allem wenn sie mit gesunden Zutaten kombiniert werden. Welche leckere Mischung bereitest du heute zu?

1 Die Nudeln in leicht gesalzenem Wasser nach Packungsanweisung garen. In den letzten 2 Minuten der Garzeit den Brokkoli hinzufügen. In ein Sieb abgießen, kalt abbrausen und abtropfen lassen.

2 Nudeln, Brokkoli, Hähnchen, Mais, Tomaten und Basilikum in eine Schüssel geben.

3 Für das Dressing alle Zutaten in einem kleinen Messbecher gründlich verrühren.

4 Kurz vor dem Servieren das leckere Dressing über den Nudelsalat gießen und alles gut vermischen.

PROBIER MAL!

Für ein Picknick packst du den Nudelsalat in ein großes Schraubglas oder in eine Frischhaltedose. Das Dressing nimmst du separat mit und mischt es erst kurz vor dem Essen unter.

gluten-frei

milch-frei

ohne Ei

Ergibt 6 Schiff-chen

Hähnchen-Salat-SCHIFFCHEN

1 EL Sonnenblumenöl

1 großes Hähnchenbrustfilet, in Streifen geschnitten

1 Romanasalatherz, 6 Blätter abgelöst

4 Frühlingszwiebeln, in feine Ringe geschnitten

1 Möhre, geschält und in feine Stifte geschnitten

½ Salatgurke, in feine Stifte geschnitten

MARINADE

1 Knoblauchzehe, geschält, zerdrückt

2 EL Sojasauce

4 EL süße Chilisauce

1 EL brauner Zucker

Saft von ½ Limette

Beeindrucke Freunde und Familie mit diesen tollen Häppchen! Die knackigen Salatblätter füllst du mit leckerem Hähnchenfleisch, das in meiner geheimen Marinade (das ist die Sauce, in die das Hähnchenfleisch vor dem Garen eingelegt wird) zubereitet wurde. Das wird dein Mittagessen des Monats!

1 Für die Marinade Knoblauch, Sojasauce, 2 EL Chilisauce, Zucker und Limettensaft in einer Schüssel verrühren. Darin die Hähnchenstreifen 30 Minuten marinieren (oder länger, wenn möglich, dann aber die Schüssel abgedeckt in den Kühlschrank stellen).

2 Das Öl in einem Wok bei starker Hitze sehr heiß werden lassen. Die Hähnchenstreifen mitsamt der Marinade darin 3 bis 4 Minuten pfannenrühren, bis das Hähnchen durchgegart und die Marinade eingekocht ist (sie sollte am Ende dicklich und sehr aromatisch sein). Den Wok vom Herd nehmen.

3 Die 6 Salatblätter auf eine große Servierplatte legen und mit Frühlingszwiebeln, Möhre und Gurke füllen. Die Hähnchenstreifen darauf verteilen. Mit den übrigen 2 EL Chilisauce beträufeln und servieren.

PROBIER MAL!
Diese Marinade kannst du auch für Schweinefilet- oder Rindfleischstreifen verwenden. Mit Tofu wird daraus ein tolles vegetarisches Gericht.

veggie

ohne Ei

Ergibt 2 Wraps

ALLES IM WRAP

2 kleine Wraps

1 Portion Füllung (siehe Vorschläge unten)

Ab heute gibt es eine neue Pausenbrot-Sensation! Probier meine vier köstlichen Füllungen und denk dir dann eigene Kombinationen aus.

1 Die Warps in einer Pfanne ohne Fett bei mittlerer Hitze erwärmen oder für einige Sekunden in die Mikrowelle legen.

2 Eine der Füllungen auf die beiden Wraps verteilen und dabei die verschiedenen Zutaten in einer gleichmäßigen Reihe in die Mitte der Wraps geben.

3 Die Wraps fest aufrollen und zum Servieren in der Mitte quer durchschneiden.

ROTE ZWIEBEL UND KÄSE

2 EL rote Zwiebelkonfitüre
25 g geriebener Mozzarella
25 g Gruyère, gerieben
1 Handvoll klein gezupfte Salatblätter

THUNFISCH UND MAIS

110 g Thunfisch in Sonnenblumenöl, abgetropft und mit 50 g Mais (Dose) und 2 EL Mayonnaise vermischt
2 Frühlingzwiebeln, in Ringe geschnitten
1 kleine Möhre, geschält und geraspelt

HÄHNCHEN UND PFLAUME

100 g gegartes Hähnchenfleisch, in Würfel geschnitten
1 Handvoll klein gezupfte Salatblätter
¼ Salatgurke, in Stifte geschnitten
2 Frühlingszwiebeln, in Ringe geschnitten
2 EL Mayonnaise
2 EL Pflaumensauce

HÄHNCHEN, PESTO UND TOMATE

100 g gegartes Hähnchenfleisch mit 2 EL Mayonnaise und 1 EL Pesto vermischt
1 Handvoll klein gezupfte Salatblätter
½ kleine Avocado, in Würfel geschnitten
5 Cocktailtomaten, geviertelt

ohne Ei

Ergibt 6–8 Empanadas

EINFACHE Hähnchen-Tomaten-EMPANADAS

1½ EL Olivenöl

½ Zwiebel, geschält und grob gewürfelt

1 Knoblauchzehe, geschält und zerdrückt

300 g stückige Tomaten (Dose)

1 TL Tomatenmark

2 EL gehacktes Basilikum oder Koriandergrün

75 g Cocktailtomaten, gewürfelt

75 g geriebener Mozzarella

100 g gegartes Hähnchenfleisch, gewürfelt

6–8 kleine Tortillas

Ich mag es, Kochideen aus aller Welt zu teilen. Kennst du schon Empanadas, die aus Lateinamerika sind? Diese köstlichen kleinen Päckchen haben außen eine warme Kruste und innen eine leckere Füllung. Hier eine schnelle Empanada-Variante, die du übrigens gerne mit den Händen essen darfst!

1 In einer Pfanne 1 EL Olivenöl bei mittlerer Hitze heiß werden lassen und darin Zwiebel und Knoblauch 3 bis 4 Minuten andünsten.

2 Stückige Tomaten und Tomatenmark unterrühren und 5 Minuten köcheln lassen. Vom Herd nehmen und abkühlen lassen.

3 Basilikum, Cocktailtomaten, Mozzarella, Hähnchenwürfel und abgekühlte Tomatensauce in einer Schüssel mischen und leicht salzen und pfeffern.

4 Eine Hälfte von 1 Tortilla mit etwas Tomaten-Hähnchen-Mischung belegen. Die leere Seite darüberklappen und die Empanada beiseitestellen. Die restlichen Empanadas auf die gleiche Weise zubereiten.

5 Das restliche Öl in einer großen Pfanne erhitzen. Die Empanadas darin, eventuell portionsweise, 2 Minuten auf jeder Seite braten, bis sie leicht gebräunt sind und die Füllung heiß ist. Zum Wenden mit dem Pfannenwender jeweils eine Hand auf die Empanada legen, damit die Füllung nicht herausläuft. Aber Vorsicht: Die Hand darf nicht an die heiße Pfanne kommen.

ohne Ei

veggie

Ergibt 3 Pizzas

ein-frieren

PESTO-PIZZAS

- 300 g Weizenmehl Type 550
- 1 TL Trockenhefe
- 1 TL Salz
- 1 EL Olivenöl plus Öl zum Beträufeln

TOMATENSAUCE

- 1 TL Olivenöl
- 1 Zwiebel, geschält und fein gewürfelt
- 1 Knoblauchzehe, geschält und zerdrückt
- 250 g passierte Tomaten
- 1 EL Tomatenmark

PIZZABELAG

- 150 g geriebener Mozzarella
- 6 Cocktailtomaten, halbiert
- 6 EL Pesto
- Basilikumblätter

Mit diesem Rezept für selbst gemachten Pizzateig wirst du zum neuen Backtalent! Du kannst natürlich auch einen Belag deines Geschmacks wählen.

1 Für den Teig Mehl, Hefe und Salz in einer großen Rührschüssel mischen. 200 ml lauwarmes Wasser und das Olivenöl hineingießen und mit einem Holzlöffel alles zu einem weichen, klebrigen Teig verrühren.

2 Den Teig auf einer bemehlten Arbeitsfläche mindestens 5 Minuten kneten, bis er geschmeidig ist. Zu einer Kugel formen, in eine saubere, leicht geölte Schüssel geben, mit einem sauberen Küchentuch abdecken und an einem warmen Ort 1 Stunde gehen lassen.

3 Inzwischen für die Tomatensauce das Öl in einer Pfanne auf mittlere Temperatur erhitzen. Die Zwiebel darin 4 Minuten andünsten, dann den Knoblauch 30 Sekunden mitdünsten. Passierte Tomaten und Tomatenmark einrühren, mit etwas Salz und Pfeffer würzen und 12 Minuten zu einer sämigen Sauce einkochen.

4 Den Backofen auf 240 °C (Umluft 220 °C) vorheizen und ein Backblech mit Backpapier auslegen. Den aufgegangenen Teig auf der bemehlten Arbeitsfläche kurz durchkneten. Zu 3 gleich großen Kugeln formen und zu Pizzaböden ausrollen. Auf das Backblech legen.

5 Die Pizzaböden mit Tomatensauce bestreichen, mit Käse bestreuen, mit Tomaten belegen und je 2 EL Pesto darauf verteilen. Mit etwas Olivenöl beträufeln und mit Salz und Pfeffer würzen. Im Ofen 10 Minuten backen. Vor dem Servieren mit Basilikumblättern bestreuen.

Abendessen

veggie

ohne Ei

Für 4 Personen

SUPER VEGGIE-GNOCCHI

1 EL Olivenöl

2 Schalotten, geschält und fein geschnitten

1 rote Paprikaschote, entkernt und gewürfelt

1 Knoblauchzehe, geschält und zerdrückt

80 g junger Spinat

275 g gelbe und rote Cocktailtomaten, halbiert

400 g Gnocchi (aus dem Kühlregal)

150 g Crème fraîche

50 g Parmesan, fein gerieben, plus mehr zum Servieren

3 EL Basilikumblätter

Wenn du noch nie Gnocchi gegessen hast, dann solltest du diese italienischen Kartoffelklößchen unbedingt probieren. Für mich sind sie wie flauschige kleine Kopfkissen! Zusammen mit meinem gesunden bunten Gemüse-Mix sind sie echte Knüller zum Abendessen!

1 In einer Pfanne das Öl auf mittlere Temperatur erhitzen und darin Schalotten und Paprika 3 bis 4 Minuten andünsten.

2 Den Knoblauch hinzufügen und 10 Sekunden mitdünsten, dann Spinat und Tomaten dazugeben und alles weitere 2 Minuten garen.

3 Inzwischen die Gnocchi nach Packungsanweisung garen. In ein Sieb abgießen und abtropfen lassen.

4 Die Crème fraîche unter das Gemüse rühren, ganz kurz aufkochen, dann die Pfanne sofort vom Herd nehmen. Gnocchi, Parmesan und Basilikum hinzufügen, mit Salz und Pfeffer würzen und alles gut vermischen.

5 Auf Tellern anrichten und vor dem Servieren mit weiterem Parmesan bestreuen.

Probier mal!
Mit gegartem Hähnchen- oder Putenfleisch bekommen die Gnocchi einen extra Nährstoffkick.

Für 4 Personen

EASY FISCHSTÄBCHEN

200 g Seezungenfilet, in Stäbchen geschnitten

50 g Mehl

30 g Panko (asiat. Paniermehl)

20 g Parmesan, fein gerieben

1 Ei

2 EL Sonnenblumenöl, zum Braten

Zitronenspalten zum Auspressen

SOUR-CREAM-DIP (NACH BELIEBEN)

150 g Schmand

½ Knoblauchzehe, geschält und zerdrückt

2 TL Schnittlauchröllchen

Es macht Spaß, die Fischstäbchen in Mehl, Eiern und Paniermehl zu wenden, damit sie eine schöne krosse Panade bekommen. Und das ist überhaupt nicht schwer. Ich habe Panko-Brösel verwendet, aber du kannst genauso gut gepufften Reis oder zerkleinerte Cornflakes zum Panieren nehmen. Das klappt übrigens auch mit Hähnchen oder Lachs und sorgt für Abwechslung.

1 Die rohen Fischstäbchen mit Salz und Pfeffer würzen und auf einem flachen Teller im Mehl wenden.

2 Panko und Parmesan auf einem zweiten flachen Teller mischen.

3 Das Ei in einem tiefen Teller verquirlen. Jedes Fischstäbchen zuerst im verquirlten Ei, anschließend im Parmesan-Paniermehl wenden.

4 In einer großen Pfanne das Öl auf mittlere Temperatur erhitzen. Die Fischstäbchen darin etwa 5 Minuten braten, dabei nach der Hälfte der Zeit wenden, bis sie auf beiden Seiten goldbraun und durchgegart sind.

5 Inzwischen für den Dip, falls er zubereitet wird, alle Zutaten in einer kleinen Schüssel verrühren.

6 Die Fischstäbchen mit dem Dip, jeweils 1 Zitronenspalte zum Auspressen, Süßkartoffel-Pommes (siehe Seite 64) und Erbsen servieren.

glutenfrei

Für 4 Personen

ohne Ei

KLEBRIGER LACHS mit Reis

- 1 EL Ketchup
- 2 EL Sojasauce
- 2 TL süße Chilisauce
- 150 g Lachsfilet, in große Stücke geschnitten
- 1 EL Olivenöl
- 1 Stückchen Butter
- 1 kleine Zwiebel, geschält und gewürfelt
- ½ rote Paprikaschote, entkernt und gewürfelt
- 50 g Möhre, geschält und gewürfelt
- 50 g Zucchini, gewürfelt
- 1 Knoblauchzehe, geschält und zerdrückt
- 250 g gegarter Basmatireis
- 2 EL Mais (Dose)
- 1 kleine Handvoll Korianderblätter (nach Belieben)

Wenn man wächst, braucht man viele verschiedene Nährstoffe, und Lachs ist eine hervorragende Quelle für Omega-3-Fettsäuren, die u. a. richtig gut für das Gehirn sind. Mit diesem asiatisch inspirierten Gericht kommt auch der Geschmack nicht zu kurz!

1 Den Backofen auf 200 °C (Umluft 180 °C) vorheizen. Ein Backblech mit Backpapier auslegen.

2 Den Ketchup mit 1 EL Sojasauce und 1 TL Chilisauce in einer Schüssel verrühren. Die Lachsstücke darin wenden, bis sie vollständig davon überzogen sind.

3 Die Stücke auf dem Backblech 10 Minuten im vorgeheizten Ofen braten, bis sie durchgegart sind.

4 Inzwischen Öl und Butter bei mittlerer Hitze in eine Pfanne geben und Zwiebel, Paprika und Möhre darin einige Minuten andünsten. Zucchini und Knoblauch hinzufügen und 2 Minuten mitdünsten. Reis und Mais dazugeben und unter Rühren erhitzen. Mit der übrigen Soja- und Chilisauce würzen.

5 Den Gemüsereis auf Tellern anrichten, Lachs daraufgeben und mit Koriander, falls verwendet, bestreuen.

Probier mal!

Vegetarier nehmen statt Lachs Tofu. Diesen dünn mit Mehl bestäuben, in der Ketchupsauce marinieren und mit den Zucchini und dem Knoblauch in die Pfanne geben.

Fleisch und Fisch

Fleisch und Fisch liefern uns wichtige Proteine, die wir für Wachstum und Erhaltung von Muskeln und Körpergewebe benötigen.

PROBIER MAL!

Schiff ahoi! Fetter Fisch wie Lachs, Makrele und Sardinen steckt voller lebensnotwendiger Omega-3-Fettsäuren, die unser Gehirn ankurbeln, damit wir geistig fit bleiben! Versuche also, möglichst zwei Portionen fetten Fisch in der Woche zu essen.

Wusstest du?

Menschen, die sich vegetarisch ernähren, also weder Fleisch noch Fisch essen, nehmen stattdessen Eier, Nüsse, Samen und Kerne, Hülsenfrüchte, Obst und Gemüse zu sich. Eigentlich sollten wir alle für eine ausgewogene Ernährung diese nährstoffreichen Lebensmittel essen.

EISEN

Wenn du nicht genug Lebensmittel mit Eisen isst, fühlst du dich schnell müde und abgeschlafft. Hier einige gute Eisenquellen:

Fabelhafte Eier

Gekocht, pochiert, als Spiegel- oder Rührei – Eier zählen zur nahrhaftesten Art, den Tag zu beginnen!

DER DREHTRICK

Du kannst kontrollieren, ob ein Ei gekocht ist oder nicht, indem du es auf die Seite legst und drehst. Ein rohes Ei dreht sich nur langsam und wacklig, ein gekochtes hingegen gleichmäßig und schnell!

IMMER PERFEKT GEKOCHTE EIER!

★ Wasser in einem mittelgroßen Topf sprudelnd aufkochen.

★ Die Eier vorher rechtzeitig aus dem Kühlschrank nehmen. Bei Zimmertemperatur bricht die Schale nicht so schnell.

★ Mithilfe eines Löffels die Eier ins Wasser gleiten lassen. Dabei sollte ein Erwachsener dabei sein, der notfalls helfen kann!

★ Ein sehr weiches Ei musst du 4 bis 5 Minuten kochen.

★ Wachsweiche Eier müssen 6 bis 7 Minuten kochen.

Tipp: Wenn du wachsweiche Eier in einem Salat servieren möchtest, dann schreck sie sofort nach dem Kochen in kaltem Wasser ab – so wird der Kochprozess unterbrochen, die Schale kühlt schnell ab und lässt sich leicht pellen.

GUTES EI, SCHLECHTES EI?

Wenn du wissen möchtest, ob das Ei noch frisch ist, dann leg es in eine Schüssel mit Wasser. Wenn das Ei nach unten sinkt, kannst du es noch essen, wenn es oben schwimmt, ist es alt und sollte nicht mehr gegessen werden!

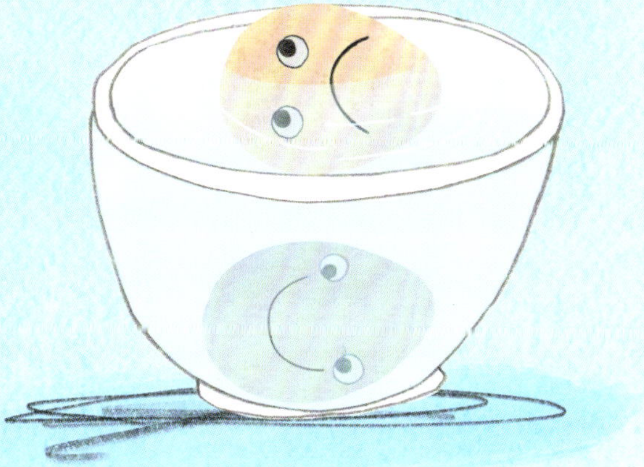

EIN HART GEKOCHTES EI PELLEN

Das ist manchmal etwas knifflig! Doch so gelingt es ganz einfach:

★ Das Ei rundherum leicht auf die Arbeitsplatte klopfen.

★ Behutsam zwischen den Händen rollen, damit sich die Schale lockert.

★ Das Ei zuerst am breiten Ende pellen. Das Ei in eine Schüssel mit Wasser tauchen, damit sich die Schale entfernen lässt.

glutenfrei · milchfrei · einfrieren · ohne Ei · Für 8 Personen

Sonnenschein-PAELLA

1 EL Olivenöl

1 große Zwiebel, geschält und grob gewürfelt

1 kleine rote Paprikaschote, entkernt und gewürfelt

1 große Knoblauchzehe, geschält und zerdrückt

175 g Paellareis

½ TL Kurkumapulver

1 TL Tomatenmark

600 ml Hühnerbrühe

2 gegarte Bratwürste, in Scheiben geschnitten

75 g gegartes Hähnchenfleisch, in Stücke geschnitten

150 g gegarte, geschälte kleine Garnelen

50 g tiefgekühlte Erbsen

Zitronensaft

1 EL gehackte Petersilie

Die Paella ist ein berühmtes spanisches Reisgericht mit leuchtend gelber Farbe! Meine Version wird einfach in einer normalen Pfanne zubereitet. Das Beste an einer Paella ist, dass praktisch alles erlaubt ist: Du kannst Fleisch, Fisch oder Gemüse deiner Wahl hinzufügen. Also: Ärmel aufkrempeln und anfangen!

1 In einer großen flachen Pfanne das Olivenöl auf mittlere Temperatur erhitzen und Zwiebel und Paprika darin 2 Minuten andünsten. Den Knoblauch hinzufügen und 10 Sekunden mitdünsten.

2 Reis, Kurkuma und Tomatenmark einrühren.

3 Die Hühnerbrühe dazugießen und aufkochen. Die Hitze verringern und die Paella zugedeckt 20 Minuten köcheln lassen, bis der Reis fast gar ist.

4 Würste, Hähnchen, Garnelen und Erbsen hinzufügen und zugedeckt weitere 5 Minuten garen.

5 Mit Salz und Pfeffer würzen. Kurz vor dem Servieren einige Spritzer Zitronensaft untermischen und die Paella mit Petersilie bestreuen.

Probier mal!

Traditionell kommen Muscheln in eine Meeresfrüchte-Paella. Muscheln gründlich waschen und darauf achten, dass alle Schalen vor dem Kochen geschlossen sind. Wenn der Reis fast gar ist, die Muscheln untermischen. Die Paella weitergaren, bis sich die Muscheln öffnen. Niemals Muscheln essen, die sich beim Kochen nicht geöffnet haben!

Für 3–4 Personen

POPCORN-HÄHNCHEN mit Pommes

25 g gepuffter Reis (Reis-Pops)

25 g gesalzenes Popcorn

15 g Parmesan, fein gerieben

2 Hähnchenbrustfilets, in Stücke geschnitten

50 g Mehl

2 Eier, verquirlt

POMMES

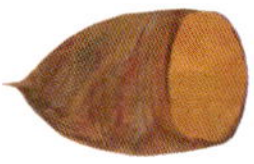

1 große Süßkartoffel, geschält und in 5 mm breite Stifte geschnitten

1 Prise Salz

½ TL Speisestärke

1 EL mildes Olivenöl

Ich nenne dieses Gericht gern mein „Filmabend-Essen"! Es eröffnet eine völlig neue Art, Hähnchen und Pommes zu servieren – zumal auch Gemüse nicht zu kurz kommt. Süßkartoffel-Pommes sind superlecker, aber verteile sie in einer Lage auf dem Backblech, damit sie schön knusprig werden!

1 Den Backofen auf 220 °C (Umluft 200 °C) vorheizen. Zwei Backbleche mit Backpapier auslegen.

2 Für die Pommes die Süßkartoffelstifte nebeneinander auf einem der Backbleche verteilen. Mit Speisestärke bestäuben, mit Olivenöl beträufeln und danach noch sichtbare Speisestärke einreiben. Leicht salzen und pfeffern und 20 bis 25 Minuten im Ofen knusprig backen, dabei nach der Hälfte der Zeit einmal wenden.

3 Inzwischen gepufften Reis, Popcorn und 1 kräftige Prise Salz in einem Zip-Beutel mit dem Teigroller zu feinen Bröseln verarbeiten. Den Parmesan hinzufügen und die Mischung im Beutel gut schütteln.

4 Die Hähnchenstücke zuerst im gewürzten Mehl, dann im verquirlten Ei wenden und zuletzt in den Bröseln panieren. Auf dem zweiten Backblech verteilen und im Backofen 10 Minuten braten, bis sie goldgelb und gar sind. Zusammen mit den Pommes servieren.

Probier mal!

Auch sehr lecker sind mit den Popcorn-Bröseln panierte Halloumi-Stücke, die in wenig Öl bei mittlerer Hitze gebraten werden. Dein Veggieabend-Essen!

ein-
frieren

Ergibt
10–12
Burger

ohne
Ei

Teddybär-BURGER

1 TL Sonnenblumenöl

10–12 kleine Brioche-Brötchen (oder backe Mini-Brötchen nach dem Rezept auf Seite 82)

BURGER

1 Zwiebel, geschält und grob zerkleinert

1 Apfel, geschält, entkernt und grob zerkleinert

1 kleine Knoblauchzehe, geschält und zerdrückt

500 g Rinderhackfleisch

100 g Paniermehl

75 g Parmesan, fein gerieben

1 EL gehackter Thymian

1 TL Worcestershiresauce

GARNIEREN

10–12 Salatblätter

etwas Ketchup

Meine Burger mögen bei uns zu Hause einfach alle. Meine Überraschungszutat? Geriebener Apfel, der für eine natürliche Süße sorgt. Vergiss nicht, auch für Mama- und Papa-Bär genügend Burger zu machen.

1 Für die Burger Zwiebel, Apfel und Knoblauch im Zerkleinerer fein hacken oder mit dem Messer in feine Würfel schneiden. In einer großen Schüssel mit den restlichen Zutaten und etwas Salz gleichmäßig vermengen und aus der Masse 10 bis 12 Pattys formen.

2 In einer großen Pfanne das Öl auf mittlere bis hohe Temperatur erhitzen und die Burger darin 3 bis 4 Minuten auf jeder Seite braten, bis sie knusprig gebräunt und gar sind. Oder die Burger unter dem heißen Grill des Backofens 5 Minuten auf jeder Seite braten.

3 Inzwischen die Brötchen aufschneiden und auf jede untere Hälfte 1 Salatblatt legen. Darauf je 1 gebratenes Patty geben, mit etwas Ketchup garnieren und die obere Brötchenhälfte auflegen.

Probier mal!

Verwandle deine Burger in lustige Teddybären! Dazu aus einer Scheibe Hartkäse ein kleines Oval ausschneiden. Ein kleines Stück schwarze Olive als Nase und zwei Streifen für den Mund auf das Käseoval setzen. Zwei Olivenringe als Augen auf das Brötchen legen. Ein Wiener Würstchen in Scheiben schneiden und als Ohren verwenden. Jeweils einen Kreis aus Käse davorsetzen und von unten mit einem Zahnstocher fixieren.

5 x Obst und Gemüse

Einige der buntesten und aufregendsten Lebensmittel sind auch die gesündesten! Obst und Gemüse sind so vielfältig – denk nur an knallgelbe Bananen, stachelige Ananas, violetten krausen Grünkohl, blütenähnliche Artischocken und ... die lustig aussehende (und klingende) Drachenfrucht!

Wusstest du?

Die süßsaure Kiwi enthält fast doppelt so viel Vitamin C wie eine Orange. Super für deinen Obstsalat und Joghurt, oder du püriere sie für Eis am Stiel!

BANANEN SCHÄLEN WIE DIE AFFEN

Die meisten von uns schälen Bananen vom Stiel nach unten, doch dabei wird sie oft beschädigt und die Spitze wird zu Mus. Wir sollten es machen wie die Affen: Dreh einfach die Banane um und drück das Ende zusammen. Die Schale lässt sich so einfach öffnen und abschälen. Guten Appetit!

SO WERDEN WEINTRAUBEN ZU ROSINEN

Wusstest du, dass Trauben zu Rosinen werden, wenn sie in der Sonne trocknen? Das gelingt auch in der Küche!

★ Heize den Backofen auf 110 °C (Umluft 90 °C) vor.

★ Lege ein Backblech mit Backpapier aus und verteile darauf dunkle Weintrauben. Schieb das Blech in den Ofen und trockne die Trauben 4 Stunden. Fertig ist dein energiereicher Snack!

NIMM 5 AM TAG!

Wir alle sollten täglich mindestens FÜNF Portionen Obst und Gemüse essen – sowohl Kinder als auch Erwachsene!

Als Richtlinie gilt: 1 Portion = die Menge, die in (d)eine Handfläche passt.

Wusstest du?
Einige Lebensmittel, die wir für Gemüse halten, sind eigentlich Früchte, denn sie enthalten Samen: Tomaten, Paprika und Auberginen zum Beispiel.

SELBST ANBAUEN!

Du brauchst nur Kressesamen, Watte und einen hübschen Behälter.

1 Feuchte die Watte in einem flachen Behälter mit Wasser an und streue die Samen darauf.

2 Besprühe die Watte regelmäßig mit Wasser, damit sie feucht bleibt.

3 Nach 2 bis 3 Tagen wird die Kresse anfangen zu wachsen.

Tipp: Lass Kresse in halben Eierschalen mit Watte wachsen.

Für 6 Personen | einfrieren | glutenfrei | ohne Ei

- 1 EL Olivenöl
- 1 Zwiebel, geschält, fein gewürfelt
- 1 kleine Stange Lauch, in feine Ringe geschnitten
- ½ Stange Staudensellerie, gewürfelt
- ½ Paprikaschote, entkernt, gewürfelt
- 1 kleine Möhre, geschält, geraspelt
- 50 g Champignons, gewürfelt
- ½ Apfel, geschält, entkernt, gerieben
- 1 Knoblauchzehe, geschält, zerdrückt
- 1 Dose stückige Tomaten (400 g)
- 500 g Rinderhackfleisch
- 4 EL Tomatenmark
- 2 EL Ketchup
- 250 ml Rinderbrühe
- ½ TL getrockneter Oregano
- 1 EL geriebener Parmesan
- 1 kleine Handvoll Basilikumblätter

Gemüse-Wunder-Bolognese

Nach einem anstrengenden Tag kannst du mit dieser Bolognese deine Batterien wieder aufladen. Außerdem ist sie randvoll mit gesundem Gemüse. Auf die Plätze! Fertig! Kochen!

1 Das Olivenöl in einer großen Pfanne auf mittlere Temperatur erhitzen. Das gesamte Gemüse und den Apfel darin 10 Minuten weich dünsten. Den Knoblauch hinzufügen und 10 Sekunden mitdünsten.

2 Den Pfanneninhalt vorsichtig in einen Standmixer geben, die stückigen Tomaten hinzufügen und alles glatt pürieren. Beiseitestellen.

3 Das Hackfleisch in der Pfanne bei mittlerer bis starker Hitze 4 Minuten braun anbraten, dabei mit einem Holzlöffel zerteilen (eventuell portionsweise anbraten).

4 Tomaten-Gemüse-Sauce zum Hackfleisch in die Pfanne geben, Tomatenmark, Ketchup, Brühe und Oregano unterrühren. Die Bolognese 40 bis 45 Minuten köcheln lassen, bis sie schön sämig ist. Mit Salz und Pfeffer abschmecken.

5 Mit Spaghetti servieren und jede Portion mit geriebenem Parmesan und Basilikumblättern bestreuen.

glutenfrei · einfrieren · milchfrei · Für 4 Personen · ohne Ei

FRUCHTIGES Hähnchen-Korma

- 1 EL mildes Olivenöl oder Sonnenblumenöl
- 2 Hähnchenbrustfilets, in Stücke geschnitten
- 1 Zwiebel, geschält und grob gewürfelt
- 1 Möhre, geschält und gewürfelt
- ½ rote Paprikaschote, entkernt und gewürfelt
- 1 Apfel, geschält, entkernt, gewürfelt
- ½ TL frisch geriebener Ingwer
- 1½ EL Korma-Currypaste
- 200 ml dickflüssige Kokosmilch
- 200 ml Hühnerbrühe
- 1 EL Mango-Chutney
- 1 TL Sojasauce
- 150 g tiefgekühlte Erbsen
- 1 kleine Handvoll Korianderblätter

Zeit für einen Curry-Abend! Indisches Essen ist voller Farbe und intensiver Aromen. Dieses milde und fruchtige Curry habe ich speziell für Kinder kreiert. Aber Vorsicht, auch die Großen werden es mögen!

1 In einer tiefen Pfanne das Olivenöl stark erhitzen. Das Hähnchenfleisch mit Salz und Pfeffer würzen und im heißen Öl scharf anbraten, bis es gut gebräunt ist. Aus der Pfanne nehmen und beiseitestellen.

2 Die Hitze verringern. Zwiebel, Möhre, Paprika und Apfel 5 Minuten in der Pfanne anbraten, dabei ab und zu umrühren. Ingwer und Currypaste einrühren und 30 Sekunden mitbraten.

3 Kokosmilch und Brühe zugießen und aufkochen. Die Hitze verringern und 5 Minuten köcheln lassen.

4 Leicht salzen und pfeffern, angebratene Hähnchenstücke, Mango-Chutney, Sojasauce und Erbsen zum Curry geben und nochmals 5 Minuten köcheln lassen, bis das Hähnchen durchgegart ist.

5 Mit Koriander bestreuen und mit gegartem Reis sowie Papadams servieren.

Probier mal!

Für eine selbst gemachte Currypaste 1 EL Kreuzkümmelsamen, 50 g Cashewkerne, 4 EL Tomatenmark, 1 kleines Bund Koriandergrün, 2 geschälte Knoblauchzehen, 15 g Kokosraspel, 2 EL Garam Masala und 3 TL fein geriebenen Ingwer im Zerkleinerer zu einer Paste verarbeiten. In einem sterilisierten Glas im Kühlschrank aufbewahren oder portionsweise einfrieren.

Für 4 Personen

milchfrei

Heißer Asia-WOK

- 125 g chinesische Mie-Nudeln
- 1 EL Sonnenblumenöl
- 200 g Hüftsteak vom Rind, in Streifen geschnitten
- 1 Zwiebel, geschält und fein gewürfelt
- 1 rote Paprikaschote, entkernt und in feine Streifen geschnitten
- 100 g Babymais, längs halbiert
- 150 g Champignons, in Scheiben geschnitten
- 100 g Zuckererbsen, längs halbiert
- 225 g Chinakohlblätter, klein geschnitten
- 2 Knoblauchzehen, geschält und zerdrückt
- 1 TL Honig
- 2 EL Austernsauce
- 1 EL Hoisinsauce (chinesische Würzsauce)
- 1 EL Sojasauce

Rock den Wok mit diesem schnell zubereiteten Essen, das ganz viel frisches Gemüse enthält. Die Kochmethode des Pfannenrührens stammt aus China, und du solltest sie unbedingt mal ausprobieren. Doch bevor es losgeht, müssen alle Zutaten vorbereitet sein. Also, ran ans Schnippeln!

1 Die Nudeln nach Packungsanweisung garen. In ein Sieb abgießen, kalt abbrausen und abtropfen lassen.

2 Inzwischen das Öl in einem Wok oder in einer großen Pfanne stark erhitzen. Die Steakstreifen salzen und pfeffern und im heißen Öl 1 bis 2 Minuten pfannenrühren, bis sie rundherum gebräunt und knapp durchgebraten sind. Mit einem Schaumlöffel aus der Pfanne auf einen Teller heben und beiseitestellen.

3 Zwiebel, Paprika, Mais, Pilze, Zuckererbsen und Chinakohl in der Pfanne 1 bis 2 Minuten pfannenrühren. Knoblauch hinzufügen und 10 Sekunden anbraten.

4 Fleisch, Nudeln, Honig, Austern-, Hoisin- und Sojasauce zum Gemüse geben. Alles gut vermischen und heiß werden lassen, dann sofort servieren.

Probier mal!

Für Vegetarier ersetzst du das Fleisch durch Tofu. Schneide den Tofu in Würfel oder Scheiben und brate ihn wie das Fleisch vorher im Wok an, bevor du ihn am Ende mit den Nudeln zum Gemüse gibst.

Für 6 Personen

einfrieren

STARKER Nudelauflauf mit Hackfleisch

- 50 g Weißbrot, in kleine Stücke gezupft
- 6 EL Milch
- 350 g mageres Rinderhackfleisch
- 50 g Parmesan, gerieben
- 1 Eigelb
- 2 EL gehackter Thymian
- 1½ EL Olivenöl
- 1 große Zwiebel, geschält, grob gewürfelt
- 2 Knoblauchzehen, geschält, zerdrückt
- 2 Dosen stückige Tomaten (à 400 g)
- 2 EL Tomatenmark
- 1 Prise Zucker
- 3 EL gehacktes Basilikum
- 200 g Fusilli-Nudeln
- 50 g Hartkäse (z. B. Cheddar), gerieben
- 125 g geriebener Mozzarella

Wenn dieser Nudelauflauf mit seinen Fleischbällchen auf den Tisch kommt, sind ratzfatz alle Teller leer gegessen! Rindfleisch liefert ganz viel Eisen, und deshalb macht dieses Essen auch so STARK. Schürzen umgebunden, es geht an die Arbeit!

1 In einer großen Schüssel das Brot 5 Minuten in der Milch einweichen und anschließend zerdrücken. Hackfleisch, Parmesan, Eigelb und 1 EL Thymian hinzufügen, alles mit Salz und Pfeffer würzen und gründlich vermengen. Aus der Masse 30 Bällchen formen.

2 In einer großen Pfanne 1 EL Öl auf mittlere Temperatur erhitzen. Die Fleischbällchen darin 8 Minuten braun braten, herausnehmen und beiseitestellen.

3 Die Zwiebel in der Pfanne im restlichen Öl 5 Minuten andünsten. Den Knoblauch 10 Sekunden mitdünsten. Tomaten, Tomatenmark, übrigen Thymian und Zucker einrühren und zugedeckt 15 Minuten köcheln lassen.

4 Die Fleischbällchen einlegen und alles 10 Minuten weiterköcheln lassen. Mit Salz und Pfeffer würzen und das Basilikum untermischen.

5 Inzwischen die Nudeln nach Packungsanweisung garen. Abseihen und mit der Sauce mischen. In eine Auflaufform geben und mit den Käsen bestreuen.

6 Den Grill des Backofens vorheizen. Den Auflauf unter dem heißen Grill 10 Minuten backen, bis der Käse geschmolzen ist.

Snacks & Süßes

ohne Ei

veggie

gluten-frei

Für 4 Personen

Leo Löwes Gemüse-Dip

1 Dose Kichererbsen (400 g), kalt abgebraust und abgetropft

1 Knoblauchzehe, geschält, zerdrückt

3 EL Olivenöl

150 g Schmand

Saft von ½ Zitrone

4 große Möhren, geschält und in Stifte geschnitten

½ gelbe Paprikaschote, entkernt und in Streifen geschnitten

½ rote Paprikaschote, entkernt und in Streifen geschnitten

Es macht total viel Spaß, diesen witzigen Dip mit buntem Gemüse zuzubereiten! Der Hingucker direkt aus dem Dschungel ist der perfekte Snack, dazu ein absoluter Partyhit. Und der Hummus steckt auch noch voller Protein. Wie viel buntes Gemüse findest du, um Leo Löwe zum Strahlen zu bringen?

1 Kichererbsen mit Knoblauch und Olivenöl im Zerkleinerer oder mit dem Stabmixer pürieren, dann Schmand und Zitronensaft dazugeben und alles cremig pürieren.

2 In eine kleine Servierschüssel geben und die Schüssel in die Mitte eines großen Tellers stellen.

3 Möhrenstifte und Paprikastreifen strahlenförmig um die Schale herum anrichten.

Probier mal!

Wie wär's mit einem Löwengesicht? Dazu Brot für Ohren, Augen und Wangen ausschneiden. Die Brotaugen auf den Dip legen und darauf aus Weintraubenscheiben die Augäpfel. Die Wangen hinzufügen und aus einer halben Weintraube die Nase legen. Ein kleines Stück Paprika wird die Zunge und einige Schnittlauchstängel werden zu Barthaaren.

veggie

milchfrei

einfrieren

Für 4 Personen

BRÖTCHEN-SCHNECKE

- 300 g Weizenmehl Type 550
- 7 g Trockenhefe
- 1 TL Salz
- 1 EL Olivenöl plus Öl zum Einfetten
- 200 ml lauwarmes Wasser
- 1 Ei, verquirlt

KNOBLAUCHBUTTER (NACH BELIEBEN)

- 50 g weiche Butter
- 1 Knoblauchzehe, geschält, zerdrückt

Als echter Minibäcker solltest du diese leckere Schnecke unbedingt einmal backen. Alle, die zu spät zum Essen kommen, gehen leer aus, denn die frisch gebackenen Brötchen sind heiß begehrt.

1 Mehl mit Hefe und Salz in einer großen Schüssel mischen. Olivenöl und lauwarmes Wasser hinzufügen und alles zu einem weichen Teig vermengen.

2 Den Teig auf einer leicht bemehlten Arbeitsfläche kneten, bis er glatt und geschmeidig ist. In eine saubere, leicht geölte Schüssel legen, mit Frischhaltefolie abdecken und 2 Stunden zu doppelter Größe aufgehen lassen.

3 Den Backofen auf 220 °C (Umluft 200 °C) vorheizen und ein Backblech mit Backpapier auslegen.

4 Den Teig noch einmal durchkneten und zu 32 gleich großen Bällchen formen. Die Bällchen auf dem Backblech zu einer Schnecke legen. Mit Frischhaltefolie abdecken und 30 Minuten gehen lassen.

5 Die Brötchenschnecke mit dem verquirlten Ei bestreichen und 25 bis 30 Minuten im vorgeheizten Backofen backen, bis sie aufgegangen und goldgelb ist.

6 Nach Belieben die weiche Butter mit Knoblauch und etwas Salz in einer kleinen Schüssel vermengen.

7 Die Brötchenschnecke aus dem Ofen nehmen und noch warm mit der Knoblauchbutter servieren.

Probier mal!
Aus ganzen Oliven kannst du Fühler legen (für kleinere Kinder diese vor dem Essen halbieren) und aus Olivenscheiben ein Schneckengesicht!

veggie

Ergibt 8 Puffer

Gestapelte TOMATEN-MAIS-PUFFER

- 120 g Mais (Dose)
- 8 Cocktailtomaten, grob gewürfelt
- ½ Knoblauchzehe, geschält und grob gehackt
- 1 EL süße Chilisauce
- 100 g Mehl
- ½ TL Backpulver
- 30 g Parmesan, fein gerieben
- 1 Ei, verquirlt
- 2 EL Sonnenblumenöl

Mais ist leuchtend gelb, saftig und süß und einfach fantastisch, um ausreichend Energie für ein gesundes Wachstum zu liefern. Wusstest du, dass er frisch, tiefgekühlt und in der Dose angeboten wird? Das bedeutet, dass du, wann immer du Lust dazu hast, diese Genuss-Stapel zubereiten kannst. Meine Puffer schmecken noch mal so gut mit einem Dip – probiere sie mit Hummus, Sour Cream oder süßer Chilisauce. Wenden, stapeln und dann dippen!

1 Mais im Zerkleinerer oder mit dem Stabmixer grob zerkleinern.

2 In eine Schüssel geben und alle restlichen Zutaten außer das Öl hinzufügen. Mit etwas Salz und Pfeffer würzen und die Zutaten gründlich vermischen.

3 In einer Pfanne das Öl auf mittlere Temperatur erhitzen. Mit einem Esslöffel große Kleckse Maismischung ins heiße Öl setzen. Mit dem Löffelrücken etwas flach drücken und 3 bis 4 Minuten braten. Die Puffer wenden und einige Minuten weiterbraten, bis sie leicht gebräunt und gar sind.

Probier mal!

Mit einem Spiegelei werden die Puffer zum Frühstückshit. Meine Kinder dippen sie dann gern ins weiche Eigelb.

ohne Ei

ein-frieren

veggie

Ergibt 12 Stück

SCHOKOLADEN-Kühlschrank-Kuchen

- 75 g Zartbitterschokolade, in Stücke gebrochen
- 125 g Milchschokolade, in Stücke gebrochen
- 50 g Butter
- 2 EL Golden Syrup (heller Zuckerrohrsirup)
- 100 g Crème double
- 175 g Vollkornkekse, zerbröckelt
- 20 g Mini-Marshmallows
- 75 g getrocknete Aprikosen, gehackt
- 50 g Rosinen
- 50 g Pekannusskerne, gehackt
- 25 g gepuffter Reis (Reis-Pops)

Probier mal!

Nimm statt gepufftem Reis auch mal Cornflakes, dann wird der Kuchen besonders knusprig.

Entdecker brauchen jede Menge Energie für ihre Abenteuer, und dieser nussige Snack darf auf keiner Entdeckungsreise fehlen! Ob du nun Burgen und Schlösser baust oder dich in die Wildnis aufmachst – dieser Entdeckersnack muss auf jeden Fall mit!

1 Eine flache quadratische Backform (20 cm) mit Frischhaltefolie auslegen. Die Folie an den Rändern überhängen lassen.

2 Zartbitter- und Milchschokolade, Butter, Golden Syrup und Crème double in eine große hitzebeständige Schüssel geben und die Schüssel in einen Topf mit kochendem Wasser einhängen. Der Schüsselboden darf das Wasser nicht berühren. Die Zutaten unter Rühren langsam schmelzen lassen.

3 Vom Herd nehmen, die restlichen Zutaten in die Schüssel geben und durchrühren, bis alles von der Schokolade überzogen ist.

4 Die Mischung in die vorbereitete Form füllen und die Oberfläche mit einem Kartoffelstampfer oder einem Löffelrücken glatt drücken.

5 In der Form abkühlen lassen. Den Kuchen mit der überhängenden Folie abdecken und zum Festwerden 1 bis 2 Stunden in den Kühlschrank stellen.

6 Zum Servieren den Kuchen vorsichtig aus der Form heben, die Frischhaltefolie abziehen und den Kuchen in Dreiecke schneiden.

milchfrei

veggie

einfrieren

Ergibt 12 Muffins

BÄREN-BRUNCH-MUFFINS

- 150 g Mehl
- 2 TL Backpulver
- 50 Zucker
- ½ TL gemahlener Zimt
- ½ TL gemahlener Ingwer
- 125 ml Sonnenblumenöl
- 75 ml Ahornsirup
- 2 Eier (Größe M), leicht verquirlt
- ½ TL Vanilleextrakt
- 1 Apfel, geschält, entkernt und gerieben
- 75 g Möhren, geschält und geraspelt
- 50 g Rosinen

Bei einem Teddybären-Picknick dürfen diese lustigen Muffins auf keinen Fall fehlen. Überrasche deine Freunde und Familie mit einer großen Portion davon! Sie schmecken nicht nur echt bärig, sondern sind mit ihren geheimen Zutaten (Möhre und Apfel) ideal für die 5 Portionen Obst und Gemüse am Tag!

1 Den Backofen auf 180 °C (Umluft 160 °C) vorheizen und die Mulden einer 12er-Muffinform mit Papierförmchen auskleiden.

2 Mehl mit Backpulver, Zucker, Zimt und Ingwer in einer großen Rührschüssel mischen. Öl mit Ahornsirup, Eier und Vanille in einer zweiten großen Schüssel mit einem Schneebesen verquirlen.

3 Apfel, Möhren und Rosinen zu den flüssigen Zutaten geben, dann die Mehlmischung unterheben, bis sich alles gerade so verbunden hat. Nicht zu stark mischen.

4 Die Papierförmchen jeweils zu zwei Dritteln mit dem Teig füllen und die Muffins 20 bis 25 Minuten backen.

5 Herausnehmen und in der Form 5 Minuten abkühlen lassen, dann auf einem Kuchengitter erkalten lassen.

Probier mal!

So werden deine Muffins zu Mini-Bären: Jeweils eine Aprikose für die Ohren halbieren, eine ganze Aprikose mit einer Rosine als Nase dekorieren und mit Zuckeraugen abschließen.

veggie

ein-
frieren

ohne
Ei

Ergibt 16
Kekse

CHAMPION Choc Chip COOKIES

100 g weiche Butter

75 g brauner Zucker

1 EL Golden Syrup (heller Zuckerrohrsirup)

170 g Mehl

1 TL Backpulver

1 Prise Salz

½ TL Vanilleextrakt

50 g Zartbitter-Schokotropfen

Wenn du ein kleines Krümelmonster bist, sind diese weichen und klebrigen Kekse genau das Richtige für dich. Fülle dein Lieblingseis zwischen zwei Cookies, dann erhälst du eine eisgekühlte Köstlichkeit!

1 Den Backofen auf 200 °C (Umluft 180 °C) vorheizen und zwei Backbleche mit Backpapier auslegen.

2 In einer Rührschüssel Butter und Zucker mit den Quirlen des Handrührgeräts hell und cremig rühren.

3 Golden Syrup, Mehl, Backpulver, Salz, Vanille und Schokotropfen mit einem Backlöffel unterheben, bis sich die Zutaten verbunden haben.

4 Den Teig leicht kneten, dann zu 16 Kugeln formen. Mit Abstand zueinander auf die Backbleche legen und mit einem Löffelrücken flach drücken. Im vorgeheizten Backofen in 10 Minuten goldgelb backen.

5 Aus dem Ofen nehmen und auf den Blechen abkühlen lassen. Auf einem Kuchengitter erkalten lassen.

Probier mal!

Für Schoko-Orangen-Cookies Mehl und Backpulver durch 120 g Mehl, 1 gestrichenen TL Backpulver und 25 g Kakaopulver ersetzen und statt Vanilleextrakt 1 TL Orangenextrakt verwenden.

Süße Sachen

Wir alle mögen ab und zu etwas Süßes, und Lebensmittel wie Obst, Gemüse, Milch und Honig enthalten von Natur aus Zucker.

ZUCKER

Zucker wird aus dem Zuckerrohr oder der Zuckerrübe gewonnen. Aus ihnen wird Zuckersaft herausgelöst, und dann geschieht das Wunder: Er kann zu feinem Zucker zum Backen kristallisiert werden oder zu sehr feinem Puderzucker.

SCHOKOLADE

Für Schokolade werden Zucker und Milch mit Kakao gemischt. Der Kakao stammt aus den Bohnen der Kakaopflanze.

Im einstigen Aztekenreich in Mittelamerika bezahlte man mit Kakaobohnen statt mit Geld!

Wusstest du?

Schokolade schmilzt bei Körpertemperatur und zergeht deshalb auf der Zunge ... wenn du sie lange genug im Mund lässt!

SCHMELZEN

In vielen Rezepten wird geschmolzene Schokolade verwendet. So geht's:

1 Die Schokolade in Stücke brechen.

2 Schokostücke in eine hitzebeständige Schüssel geben, die Schüssel in einen Topf mit köchelndem Wasser einhängen und rühren, bis die Schokolade geschmolzen ist. Das Wasser darf nicht mit dem Schüsselboden in Berührung kommen. Die Schokolade wird schnell klumpig und körnig, wenn sie zu stark erhitzt.

3 Die Schokostücke lassen sich auch in einer geeigneten Schüssel 20 Sekunden in der Mikrowelle schmelzen. Dabei zwischendurch umrühren.

HONIGBIENEN

Die fleißigen Bienen produzieren köstlichen goldenen Honig, der süß wie Zucker ist. Perfekt auf Toast oder Pfannkuchen.

Wusstest du?

Du brauchst für Pfannkuchen keinen Zucker, wenn du sie mit überreifen Bananen zubereitest. Wenn Bananen lange lagern, bekommen sie mit der Zeit braune Flecken und werden immer süßer. Du kannst überreife Bananen in deinen Pfannkuchenteig geben, mit ihnen Bananenbrot backen oder sie zu Eis verarbeiten (je brauner, umso besser!).

Bienen produzieren Honig als Nahrungsvorrat für den Bienenstock im Winter. Glücklicherweise produzieren die tüchtigen kleinen Arbeiterinnen das Doppelte bis Dreifache an Honig, als sie brauchen, sodass auch wir in den Genuss honigsüßer Leckereien kommen.

BIENENFLEISSIG

Schwärmen die fleißigen Bienen auch durch deinen Garten? Dann sind sie mit der Honigherstellung beschäftigt!

1 Bienen sammeln den süßen Nektar der Blumen. Die Blumen sind leuchtend bunt, damit die Bienen den Nektar besser finden.

2 Den Nektar bringen die Bienen zum Bienenstock und lagern ihn in Honigwaben.

3 Die Bienen fächeln die Honigwaben, damit der Nektar zu Honig eindickt.

4 Die Bienen verschließen die Honigwaben mit Bienenwachs, damit der süße Honig in den winzigen Sechsecken bleibt!

veggie

ein-
frieren

Ergibt
15 Cookies

INGWER-PLÄTZCHEN

65 g weiche Butter

50 g brauner Zucker

4 EL Golden Syrup (heller Zuckerrohrsirup)

1 Eigelb

175 g Mehl

1 TL gemahlener Ingwer

½ TL Natron

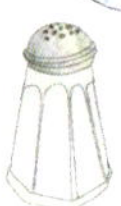
1 großzügige Prise Salz

Gewürzplätzchen schmecken das ganze Jahr über und können in allen möglichen Größen und Formen ausgestochen werden. Es macht Spaß, Tiere zu dekorieren, aber alle anderen Motive eignen sich ebenso. Gewürze, hier ist es Ingwer, sind ideal, um mehr Geschmack in Lebensmittel zu bringen. Fade und langweilig war gestern!

1 In einer Rührschüssel Butter und Zucker mit den Quirlen des Handrührgeräts hell und cremig rühren.

2 Golden Syrup, Eigelb, Mehl, Ingwer, Natron und Salz hinzufügen und alles zu einem Teig verrühren.

3 Den Teig mit den Händen zu einer großen Kugel formen, in Frischhaltefolie wickeln und mindestens 30 Minuten in den Kühlschrank stellen.

4 Den Backofen auf 180 °C (Umluft 160 °C) vorheizen und zwei Backbleche mit Backpapier auslegen.

5 Den Teig auf einer bemehlten Arbeitsfläche von der Mitte aus 3 mm dick ausrollen. Mit Ausstechern Plätzchen ausstechen. Teigreste erneut ausrollen und ausstechen, bis der Teig aufgebraucht ist.

6 Plätzchen mit Abstand zueinander auf die Bleche legen und im Backofen 10 Minuten goldgelb backen.

7 Aus dem Ofen nehmen, kurz abkühlen lassen und dann auf einem Kuchengitter erkalten lassen.

veggie

ohne Ei

Ergibt 16 Bällchen

Erdnussbutter-POPS

125 g feine Erdnussbutter

50 g gesalzene Butter

50 g gepuffter Reis (Reis-Pops)

75 g Puderzucker

Diese Bällchen begeistern durch ihre Knusprigkeit. Und zusammen mit der proteinreichen Erdnussbutter hast du einen wunderbaren Snack für zwischendurch. Dippe die Bällchen in Naturjoghurt, oder wenn's extra köstlich sein soll, in geschmolzene Schokolade.

1 Erdnussbutter und Butter in einem kleinen Topf bei schwacher Hitze unter Rühren schmelzen lassen.

2 Inzwischen den gepufften Reis und den Puderzucker in einer großen Schüssel mischen.

3 Die geschmolzene Erdnussbutter in die Schüssel zum Reis gießen und unter Rühren mit einem Holzlöffel die Zutaten vermengen.

4 Mit den Händen aus der Masse 16 Bällchen formen und auf einem Teller im Kühlschrank 40 Minuten fest werden lassen.

Probier mal!

So kannst du die Bällchen ganz leicht in Schokolade dippen: Einfach in einer leeren Eiswürfelform fest werden lassen – so härtet die Schokolade ganz gleichmäßig.

veggie

Ergibt 12 Cupcakes

einfrieren ohne Dekor

TIER-Cupcakes

CUPCAKES

- 2 Eier (Größe L)
- 100 g weiche Butter
- 100 g Zucker
- 150 g Mehl
- 2 TL Backpulver
- 2 EL Milch
- 1 TL Vanilleextrakt

GLASUR

- 200 g weiche Butter
- 1 EL Milch
- 300 g Puderzucker

Dieses lustige Gebäck ist perfekt für alle Party-Tiere! Nach dem Backen und Abkühlen kannst du die Cupcakes in Hunde, Pandabären und freche Affen verwandeln. Oder du verzierst sie zu deinem Lieblingstier.

1 Den Backofen auf 180 °C (Umluft 160 °C) vorheizen und die Mulden einer 12er-Muffinform mit Papierförmchen auskleiden.

2 Für die Cupcakes die Zutaten in einer großen Schüssel mit den Quirlen des Handrührgeräts schaumig rühren.

3 Den Teig in die Papierförmchen füllen und im Backofen 20 bis 25 Minuten goldgelb backen.

4 Aus dem Backofen nehmen und auf einem Kuchengitter abkühlen lassen.

5 Inzwischen für die Glasur in einer großen Schüssel Butter, Milch und Puderzucker mit den Quirlen des Handrührgeräts hellschaumig rühren.

6 Die Glasur auf die abgekühlten Muffins streichen oder spritzen und die kleinen Köstlichkeiten servieren.

HUNDE

Die Glasur mit 25 g Kakaopulver verrühren und auf die Muffins spritzen. Aus braunem Fondant Ohren ausschneiden, Zuckeraugen und eine Geleebohne als Nase aufsetzen und eine rosa Fruchtgelee-Zunge auflegen.

PANDABÄREN

Die glasierten Cupcakes in Kokosraspel drücken (etwa 75 g für 12 Stück). Nase, Mund und Ovale aus schwarzem Fondant ausschneiden und Zuckeraugen aufsetzen. Mini-Oreos (Kakaokekse) für die Ohren verwenden.

AFFEN

Die Glasur mit 25 g Kakaopulver verrühren, die Cupcakes braun glasieren und in Schokostreusel drücken. Halbe Mini-Jaffa-Cakes für die Ohren und einen ganzen Mini-Jaffa-Cake für das Gesicht verwenden. Aus schwarzem Fondant Nasenlöcher sowie Mund aufsetzen und Zuckeraugen auflegen.

veggie

einfrieren ohne Dekor

Ergibt 12 Cupcakes

SCHOKOLADEN-FUSSBALL-CUPCAKES

Hier musst du deine Fußballkünste gegen Deko-Künste tauschen. Die „Zuschauer“ werden dir für diese leckeren Cupcakes begeistert zujubeln!

CUPCAKES

- 125 g weiche Butter
- 125 g Zucker
- 2 Eier
- 100 g Mehl
- 2 TL Backpulver
- 25 g Kakaopulver
- 2 EL Milch

GLASUR

- 100 g weiche Butter
- 150 g Puderzucker
- 1 TL Vanilleextrakt
- grüne Lebens-mittelfarbe

DEKORATION

- weißer Fondant
- schwarzer Fondant

1 Für die Cupcakes der Zubereitung auf Seite 98 folgen, die Cupcakes backen und abkühlen lassen.

2 Inzwischen für die Glasur Butter, Puderzucker und Vanille in einer Schüssel mit den Quirlen des Handrührgeräts hellschaumig rühren. Etwas grüne Lebensmittelfarbe unterrühren.

3 Die Glasur auf die abgekühlten Muffins streichen oder spritzen.

4 Für 1 Fußball-Cupcake 10 kleine Bälle aus weißem Fondant und 6 kleine Bälle aus schwarzem Fondant rollen. Dann 5 weiße Bälle um 1 schwarzen Ball legen und die restlichen 5 weißen Bälle am Rand der weißen Bälle sternförmig anordnen. Die übrigen 5 schwarzen Bälle in die Lücken setzen und zusammendrücken. Mit Frischhaltefolie abdecken und leicht ausrollen, damit sich die Fondantbälle verbinden. Die Folie abziehen und mit einem runden Ausstecher einen saubere Kreis ausstechen. Die restlichen 11 Fußbälle genauso zubereiten. Auf die Cupcakes setzen.

Probier mal!
Hast du einen Lieblingsball? Wenn ja, dann versuche doch mal, die Cupcakes wie ihn aussehen zu lassen.

ohne Ei

veggie

einfrieren

Ergibt 12 Cookies

HAFERFLOCKEN-ROSINEN-COOKIES

85 g weiche Butter

50 g brauner Zucker

1 EL Golden Syrup (heller Zuckerrohrsirup)

1 TL Vanilleextrakt

75 g Mehl

½ TL Backpulver

½ TL Natron

½ TL Salz

75 g feine Haferflocken

30 g Rosinen

Fülle deine Keksdose (und leere sie genauso schnell wieder) mit diesen einfachen Haferflocken-Rosinen-Cookies. Haferflocken sind super, denn sie liefern dir ganz viel Energie für Körper und Geist. Mit einem Glas Milch einfach unschlagbar.

1 Den Backofen auf 180 °C (Umluft 160 °C) vorheizen und zwei große Backbleche mit Backpapier auslegen.

2 In einer Schüssel Butter, Zucker und Golden Syrup mit den Quirlen eines Handrührgeräts hellschaumig rühren. Die restlichen Zutaten untermischen und alles zu einem Teig verrühren.

3 Aus dem Teig 12 Bällchen formen. Auf die Backbleche legen, dabei ausreichend Abstand dazwischen lassen, da der Teig beim Backen zerläuft. Die Bällchen etwas flach drücken und im Backofen 12 Minuten hellbraun backen.

4 Aus dem Backofen nehmen und auf den Blechen kurz abkühlen lassen. Cookies auf ein Kuchengitter legen und vollständig abkühlen lassen.

Probier mal!

Für weihnachtliche Kekse kannst du statt Rosinen getrocknete Cranberrys verwenden. Für leckere Oster-Cookies mischt du einfach zerkleinerte Mini-Schokoeier unter!

gluten-frei · milch-frei · vegan · ohne Ei · ein-frieren · veggie · Ergibt 300 ml

Tutti-Frutti-EIS AM STIEL

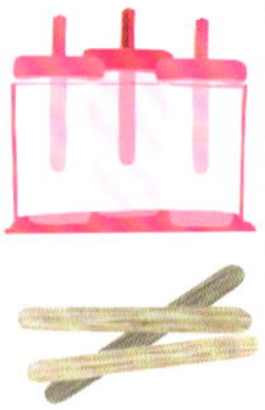

DU BRAUCHST

Eisformen

Eisstiele

Püriere deine Lieblingsfrüchte und zaubere diese leuchtenden vitaminreichen Leckereien! Die selbst gemachten Eis am Stiel sorgen für einen kräftigen Energiekick am Nachmittag. Experimentiere nach Lust und Laune mit Früchten und Gemüse wie Kiwi und Rote Bete. Hier sind drei Geschmacksrichtungen und eine einfache Zubereitung.

1 Alle Zutaten im Standmixer glatt pürieren.

2 In die Eisformen gießen, die Stiele hineinstecken und 4 Stunden im Tiefkühlfach anfrieren.

PFIRSICH, MANGO, BANANE UND ORANGE

1 reifer Pfirsich, geschält und entsteint
1/2 kleine Mango, geschält und entsteint
1/2 kleine reife Banane, geschält
Saft von 1 Orange

ERDBEEREN, APFEL UND BANANE

175 g Erdbeeren, geputzt
1/2 reife Banane, geschält
100 ml Apfelsaft

ROTE BETE, BIRNE UND HEIDELBEEREN

50 g vorgegarte Rote Bete
120 g Heidelbeeren, verlesen
1 kleine reife Birne, geschält und entkernt
1/2 kleine reife Banane, geschält
100 ml Apfelsaft

veggie

ohne Ei

Ergibt 12 Monster

Krispie-Monster

100 g Butter

200 g Golden Syrup (heller Zuckerrohrsirup)

100 g weiße Schokolade, in Stücke gebrochen

225 g gepuffter Reis (Reis-Pops)

1 Prise Salz

DEKORATION

100 g weiße Schokolade, geschmolzen

3 verschiedene Lebensmittelfarben

weißer Fondant

24 Schokotropfen

Hast du Lust, diese Gruselmonster selbst herzustellen? Sie sind nicht nur an Halloween ein Hit, sondern schmecken auch zu jeder anderen Zeit im Jahr. Heize den Hexenkessel (also den Herd) an!

1 Eine quadratische Backform (20 cm) mit Backpapier auslegen.

2 Butter und Golden Syrup in einem Topf bei mittlerer Hitze unter Rühren schmelzen lassen.

3 Vom Herd nehmen, die weiße Schokolade hinzufügen und rühren, bis sie geschmolzen ist. Gepufften Reis und 1 Prise Salz unterrühren, bis der Reis vollständig mit Schokolade überzogen ist.

4 In die Form löffeln und mit dem Löffelrücken glatt streichen. Zum Festwerden 4 Stunden kühl stellen. Aus der Form nehmen und in 12 Riegel schneiden.

5 Zum Dekorieren die geschmolzene weiße Schokolade auf drei kleine Schüsseln verteilen und jeweils mit einigen Tropfen einer Lebensmittelfarbe einfärben. Die Riegel zur Hälfte in die farbige Schokolade tauchen und auf Backpapier aushärten lassen.

6 Den weißen Fondant in 24 kleine Bällchen rollen und 1 Schokotropfen in jedes Bällchen drücken. In jedes bunte Monstergesicht zwei Augen setzen.

ein-frieren · gluten-frei · milch-frei · veggie · vegan · ohne Ei

Wassermelonen-Kiwi-Eis

280 g Wassermelone, geschält und entkernt

2 Kiwis, geschält

Ergibt 6 Eis am Stiel

1 Die Wassermelone in einem Pürierbecher mit dem Stabmixer glatt pürieren.

2 In 6 Eisformen füllen, die Eisstiele hineinstecken und das Püree im Tiefkühlfach 4 Stunden anfrieren.

3 Inzwischen die Kiwis mit dem Stabmixer pürieren.

4 Die Eis am Stiel aus dem Tiefkühlfach nehmen und das Kiwipüree auf die Eisformen verteilen. Nochmals 2 bis 3 Stunden tiefkühlen, bis es durchgefroren ist.

Ananas-Erdbeer-Eis

100 ml Ananassaft

100 g Erdbeeren, in Scheiben geschnitten

Ergibt 6 Eis am Stiel

1 Den Ananassaft in die 6 Eisformen gießen und im Tiefkühlfach 1 Stunde anfrieren.

2 Die Eisstiele in den halbgefrorenen Ananassaft stecken und in jede Form 2 Erdbeerscheiben geben.

3 Die restlichen Erdbeeren mit dem Stabmixer glatt pürieren. Das Püree in die Eisformen löffeln und das Eis weitere 2 Stunden tiefkühlen, bis es vollständig gefroren ist.

Register

ANNABEL KARMEL

Über Annabel Karmel

Mit über 30 Jahren Erfahrung ist Annabel Karmel die namhafteste Kinderkochbuchautorin Großbritanniens, internationale Bestseller-Autorin und weltweit führende Expertin für eine wohlschmeckende und zugleich gesunde Küche für Babys, Kinder und Familien.

Seit dem Erscheinen ihres revolutionären Babykochbuchs „The Complete Baby and Toddler Meal Planner" – eine „Ernährungsbibel", die sich weltweit über 5 Millionen Mal verkauft hat, – hat Annabel 45 Kochbücher geschrieben und Millionen von Familien mit ihren Rezepten großgezogen.

Über ihre wöchentlichen Beiträge auf ihrer Webseite und in ihren sozialen Netzwerken tauscht sie sich mit 1,5 Millionen Familien aus. Ihre Rezepte-App ist der Bestseller unter Großbritanniens Food- und Getränke-Apps.

Annabel ist fest davon überzeugt, dass man Kindern schon in jungen Jahren das Kochen beibringen sollte. Beim Kochen lässt sich so viel lernen, die Küche ist wie ein Klassenzimmer – ein Raum, um sich auszuprobieren, zu lernen, zu wachsen und neugierig zu sein. Durch das Wiegen und Abmessen von Zutaten trainieren die Kleinen nicht nur ihre Kompetenz in der Küche, sondern unbewusst auch ihre mathematischen Fähigkeiten – und erst recht ihr Selbstwertgefühl!

Kinder lernen nicht nur, eigenständig leckere, gesunde Mahlzeiten für sich und ihre Familie zuzubereiten, sie werden sich auch dessen bewusst, was sie ihrem Körper da eigentlich zuführen und warum das wichtig ist. Für die Gesundheit und das Wohlbefinden von Kindern ist es unerlässlich, aktiv ihr Interesse daran zu wecken, was sie essen. Und besonders bei wählerischen Kindern hilft es, sie so häufig wie möglich bei der Zubereitung von Mahlzeiten mithelfen und mitentscheiden zu lassen, statt ihnen einfach etwas vorzusetzen.

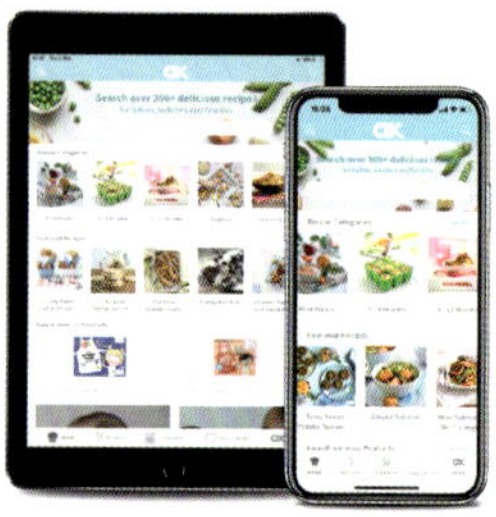

@annabelkarmel

@annabelkarmeluk

annabelkarmel.com

@annabelkarmel